I0399258

BASİTLE YAPILAN JAPON MUTFAĞI EVDE YAPILABİLİR

100 Adım adım tarif Geleneksel ve Modern Suşi, Erişte, Pirinç, Salatalar, Miso Çorbaları, Tamagoyaki, Tempura, Teriyaki ve Daha Fazlası

Sibel Arslan

Feragatname

GİRİŞ

Japonlar, kıskanılacak teknoloji dizileri sayesinde her zaman dünyanın ilgisini çekmiştir. Ve mutfakları, birçok kişinin büyük hayranlık duyduğu başka bir alandır, ancak herkes kiler yaratıcılığına hakim değildir. Pekala, bu değişmek üzere çünkü evde yapabileceğiniz 100 kadar inanılmaz ve kolay Japon yemeğini gezeceksiniz. Bununla nihayet gözlerinizi kapatabilir ve havada sonsuz Japon aromasının tadını çıkarabilirsiniz.

Japon mutfağı, esas olarak, Japonya'nın yüzlerce yıllık siyasi, parasal ve sosyal değişimlerle geliştirilen bölgesel ve geleneksel beslenmesini içerir. Japonya'nın geleneksel yemekleri, miso çorbalı pilav ve farklı yemeklere bağlıdır; Mevsimlik malzemeler üzerinde bir vurgu var.

Japon yemeklerinde kullanılan çeşitli baharat türleri vardır ve bunlardan birçoğu aşağıdaki bölümlerde ayrıntılı olarak tartışılmıştır. Kahvaltı, öğle yemeği, akşam yemeği, tatlı, salata, çorba, atıştırmalık, suşi, alternatif ve geleneksel ve vejetaryen yemek tarifleri gibi farklı tarifleri öğreneceksiniz.

Bu kitapta bahsedilen tüm tarifleri evde kendi başınıza yapmak son derece kolaydır. Şimdi çok fazla övünmeyelim ve nihayet evde Japon yemekleri yapmaya başlayalım.

SABAH KAHVALTISI

1. Acılı Nori yumurtası

İçindekiler

- 7 büyük haşlanmış yumurta. Çatlamış ve ikiye bölünmüş
- 4 nori yaprağı. Şeritler halinde kesin
- $\frac{1}{2}$ su bardağı mayonez
- 2 çay kaşığı pirinç sirkesi
- 2 çay kaşığı wasabi ezmesi
- $\frac{1}{4}$ çay kaşığı. Deniz tuzu

İçindekiler

a) Yumurtaların sarısını ayırın ve ezin
b) Püre haline getirilmiş yumurta sarısını mayonez, tuz, wasabi ve sirkeye ekleyin ve mükemmel bir macun kıvamına gelene kadar karıştırın.
c) Yumurta aklarını bir tabağa dizin
d) Her bir yumurta akının içindeki içeriği toplayın ve bırakın
e) Nori şeritlerini ıslatın ve her doldurulmuş yumurtanın üzerine yerleştirin.

2. Tamagoyaki; bento kutusu haddelenmiş omlet

İçindekiler

- 2 büyük yumurta
- $\frac{1}{2}$ nori
- 1 $\frac{1}{2}$ çay kaşığı. Beyaz şeker
- 1 çay kaşığı. Süt
- 2 çay kaşığı doğranmış havuç
- 2 çay kaşığı ince kıyılmış taze soğan
- 2 yemek kaşığı. kanola yağı

Talimatlar

a) Temiz küçük bir kapta yumurta, süt, şeker ve noriyi çırpın. kenara koymak
b) Yağı büyük, temiz, yapışmaz bir tavada ısıtın
c) İçine atın ve soğanları ve havuçları 1 dakika kızartın
d) Ateşten alın ve içeriği yumurta karışımına dökün. İyice karıştırın ve yağlanmış tencereye geri dökün
e) Yumurta oluşmaya başladığında, bir sargı oluşturmak için yuvarlayın
f) 2 dakika soteleyin, pişmesine izin verin
g) Düz bir tabağa aktarın ve rulolar halinde kesin.
h) İyi eğlenceler!

3. Dorayaki, yumuşacık Japon pankekleri

İçindekiler

- 1 fincan. Kendiliğinden yükselen un
- Bir tutam tuz
- $\frac{1}{4}$ çay kaşığı. toz tarçın □□3 büyük yumurta.
- $\frac{1}{2}$ çay kaşığı. karbonat
- $\frac{1}{2}$ bardak şeker veya bal
- 4 yemek kaşığı Süt
- $\frac{1}{2}$ pound Anko (tatlı azuki fasulyesi püresi)
- 2 bardak. Kızartma Talimatları için bitkisel yağ

a) Kırılan yumurtalara şekeri ekleyip karışana kadar çırpın.
b) Kabartma tozunu suda eritip yumurtalı karışıma ekleyin.
c) Daha iyi bir bütünleşme için karıştırarak elenmiş unu yavaş yavaş ekleyin.
d) Yapışmaz bir tavaya biraz yağ sürün ve ısıtın
e) Tavaya bir kepçe hamurdan dökün ve kızartın. Diğer tarafı yapmak için ters çevirin
f) Hafifçe bronzlaştığında çıkarın
g) Kalan hamuru da aynı şekilde kızartın.
h) Hazır olduğunuzda, Anko fasulye ezmesini her bir pankekin üzerine yerleştirin ve bir diğeriyle kapatın. Bir sandviç yap.

4. Japon Omleti

Porsiyon Boyutu: 1 Malzemeler:

- Soya sosu, bir yemek kaşığı.
- Yumurta, dört Şeker, bir yemek kaşığı.
- Mirin, bir yemek kaşığı.
- Tuz, gerektiği gibi
- Yemeklik yağ, gerektiği gibi

Yöntem:

Yumurta karışımınıza birer çorba kaşığı soya sosu, mirin ve şeker ve biraz tuz ekleyin.

Tavanıza az miktarda yemeklik yağ koyun ve orta ateşte ısıtın. Pişirme sırasında tavanın yağlı kalmasına yardımcı olmak için mutfak rulosunu el altında bulundurun.

Isınan tavaya yumurtalı karışımınızdan bir miktar ekleyin. Yumurta hafifçe pişince üst kısmı hala biraz pişmemiş olacak şekilde tavanızın kenarına doğru itin.

Mutfak rulosunu kullanarak tavaya biraz daha yağ ekleyin ve tavanıza yumurta karışımından az miktarda ekleyin.

Ardından, küçük bir yumurta rulosu elde edene kadar tavaya koyduğunuz karışımın üzerine yumurtanın ilk parçasını yuvarlamaya başlayabilirsiniz.

Yöntem:

a)

b)

5. Japon Usulü Krepler

Porsiyon Boyutu: 4 Malzemeler:

- Süt, bir buçuk su bardağı □□Kabartma tozu, iki çay kaşığı.
- şeker, üç yemek kaşığı.
- Koşer tuzu, yarım çay kaşığı.
- Tuzsuz tereyağı, dört yemek kaşığı.
- Yumurtalar, dört
- Vanilya özü, bir çay kaşığı.
- Krem tartar, çeyrek çay kaşığı.
- Akçaağaç şurubu, gerektiği gibi

- Çok amaçlı un, bir buçuk su bardağı

Un, şeker, kabartma tozu ve tuzu geniş bir kapta karıştırın.

Süt, eritilmiş tereyağı, vanilya ve yumurta sarısını orta boy bir kapta karışana kadar çırpın.

c) Başka bir geniş kapta yumurta aklarını ve krem tartarı çırpın.

d) Süt karışımını un karışımına yeni karışana kadar karıştırın. Ardından kalan yumurta aklarını birleşene kadar yavaşça katlayın.

e) Hazırladığınız halka kalıpları tavanın ortasına koyun ve her birini yarım su bardağı hamurla doldurun.

f) Her iki tarafta altın olana kadar pişirin.

Yöntem:

a)

b)

6. Japon Kahvaltısı Pirinç Kasesi

Porsiyon Boyutu: 1 Malzemeler:

- Yumurta, bir
- İsteğe göre ince dilimlenmiş nori
- Hondashi, bir tutam □□Mirin, yarım çay kaşığı.
- Soya sosu, yarım çay kaşığı.
- MSG, bir tutam
- Furikake, gerektiği gibi
- Pişmiş beyaz pirinç, bir su bardağı

Pirinci bir kaseye koyun ve ortasına sığ bir kepçe yapın.

Yumurtanın tamamını ortasına kırın.

c) Yarım çay kaşığı soya sosu, bir tutam tuz, bir tutam MSG, yarım çay kaşığı mirin ve bir tutam Hondashi ile tatlandırın.

d) Yumurtayı dahil etmek için yemek çubuklarıyla kuvvetlice karıştırın; soluk sarı, köpüklü ve kabarık bir dokuya sahip olmalıdır.

e) Baharatları gerektiği gibi tadın ve ayarlayın.

f) Üzerine furikake ve nori serpip küçük bir top haline getirin ve diğer yumurta sarısını ekleyin.

g) Yemeğiniz servise hazır.

Yöntem:

a)

b)

7. Tamagoyaki

Porsiyon Boyutu: 2 Malzemeler:

- yumurta, üç
- Zeytinyağı, bir çay kaşığı.
- Shirodashi, iki çay kaşığı.
- Tuz, tutam
- Su, iki yemek kaşığı.

Orta boy bir karıştırma kabına yumurtaları kırın.

Baharatı ekleyin ve çok fazla kabarcık oluşmasını önlemek için hepsini yavaşça karıştırın.

c) Yumurta karışımını süzgeçten birkaç kez süzün.

d) Yaklaşık iki yemek kaşığı dökün. küçük bir kapta sıvı yağ ve mutfak kağıdını ıslatıp kenara alın.

e) İki çay kaşığı ısıtın. Zeytinyağını orta ateşte, elinizi tavaya değdirdiğinizde ısıyı hissedene kadar ısıtın.

f) Yumurta karışımının dörtte birini tavaya dökün.

g) Yemek çubuklarının kenarlarıyla oluşan baloncukları kırın ve yavaşça ve hafifçe karıştırın.

Yöntem:

a)

b)

8. Tonkatsu

Porsiyon Boyutu: 4 Malzemeler:

- yumurta, iki
- Un, gerektiği kadar
- Tonkatsu sosu, servis için
- Kıyılmış Napa lahana, gerektiği gibi
- İsteğe göre ekmek kırıntıları
- Domuz filetosu, dört parça
- Kızartmalık yağ
- Tuz, tutam

- Biber, gerektiği gibi

Yöntem:

a) Fileto pirzolayı yaklaşık çeyrek inç düzleştirmek için pound. Her pirzolanın her iki tarafını da tuzlayın ve biberleyin.

b) Her birini una bulayın, ardından çırpılmış yumurtaya batırın ve her iki tarafı da kaplamak için ekmek kırıntılarına bastırın.

c) Büyük bir tavayı yaklaşık yarım inç yağ ile sıcak olana kadar ısıtın.

d) Köfteleri kızgın yağa atın. Altın kahverengi olana kadar derin kızartın.

e) Pirzolaları kağıt havluların üzerine boşaltın ve domuz etini yemek çubuklarıyla yenebilecek büyüklükte şeritler halinde kesin.

f) Domuz eti kıyılmış lahana ile kaplı bir tabağa koyun ve limon dilimleri ile süsleyin.

9. Japon Yumurtalı Omlet Sandviç

Porsiyon Boyutu: 2 Malzemeler:

- yumurta, iki
- Japon çorbası suyu, yarım çay kaşığı.
- Sıcak su, bir çay kaşığı.
- Soya sosu, bir çay kaşığı.
- Mayonez, gerektiği kadar
- Ekmek dilimleri, dört
- Kızartmalık yağ
- Tuz, tutam
- Biber, gerektiği gibi

Yöntem:

a) Japon çorbası suyunu sıcak suda eritin ve soğumaya bırakın.
b) Tüm malzemeleri bir çırpma teli kullanarak karıştırın.
c) 12 cm×12 cm ısıya dayanıklı bir kaba ince ince yağ koyun.
d) Kabı sarın ve mikrodalgada bir dakika otuz saniye ısıtın.
e) Çıkarın ve serin tutun. Fazla nemi mutfak kağıdıyla silin.
f) Mayonezi ekmeklerin bir yüzüne yayın. Omlet üzerine koyun ve dört parçaya bölün.
g) Yemeğiniz servise hazır.

10.Japon Rulo Omleti

Porsiyon Boyutu: 4 Malzemeler:

- yumurtalar, altı
- Daikon, servis için □□Soya sosu, bir çay kaşığı.
- Tuz, bir çay kaşığı.
- Mirin, bir yemek kaşığı.
- Pudra şekeri, bir yemek kaşığı.
- Shiso gerektiği gibi ayrılır
- Kızartmalık yağ

Yöntem:

a) Dashi stokunu mirin, şeker, soya sosu ve tuzla karıştırın.

b) Çırpılmış yumurtalara ekleyin ve iyice karıştırın. Omlet tavasını orta ateşte ısıtın. c) Biraz yumurta karışımı dökün ve eşit şekilde kaplamak için tavayı eğin.

d) Rulo haline getirilmiş omleti tavada tutun ve sizden en uzak tarafa doğru itin.

e) Yine boş olan kısma bir miktar yumurtalı karışımdan dökün, ilk yufkayı çubuklarla yukarı kaldırın ve yumurtalı karışımın altına akmasını sağlayın.

f) Tüm yumurta karışımı bitene kadar işlemi tekrarlayın.

11. Hiroşima Okonomiyaki

Porsiyon Boyutu: 2 Malzemeler:

- Su, iki yemek kaşığı.
- yumurta, üç
- Pastırma, altı şerit
- Lahana, 150 gr
- Okonomiyaki unu, yarım su bardağı
- Okonomiyaki sosu, iki yemek kaşığı.
- Palamut gevreği, gerektiği kadar □□Yakisoba eriştesi, iki su bardağı □□Zencefil turşusu, bir çay kaşığı.
- Aonori yosunu, gerektiği gibi

a) Okonomiyaki ununu su ve bir yumurta ile topaksız pürüzsüz bir hamur elde edene kadar karıştırın.

b) Hamurun yarısını güzel bir daire şeklinde tavaya ekleyin.

c) Lahananın yarısını ve fasulye filizlerinin yarısını hamurun üzerine ekleyin ve ardından pastırmayı ekleyin.

d) Bir yemek kaşığı dökün. Hamuru karışımın üstüne koyun ve çevirmeden önce yaklaşık on dakika pişmesine izin verin.

e) bir porsiyon yakisoba pişirin ve okonomiyaki'yi eriştelerin üzerine taşıyın.

f) Bir kasede bir yumurta kırın ve okonomiyakinin yan tarafındaki ilk tavaya dökmeden önce sarısını kırın.

Yöntem:

g) Okonomiyaki'yi yumurtanın üzerine yerleştirin ve iki dakika pişmeye bırakın.

h) Süsleyin ve servis yapın.

12.Japon Hibachi Usulü Kızarmış Pilav

Porsiyon Boyutu: 4 Malzemeler:

- Kızarmış susam yağı, bir yemek kaşığı.
- Tuz, gerektiği gibi
- Karabiber, gerektiği kadar
- yumurta, iki
- Pişmiş pirinç, dört su bardağı □□Soya sosu, iki yemek kaşığı.
- Doğranmış soğan, bir □□Tereyağı, dört yemek kaşığı.

a) yumurtaları, tuzu ve karabiberi hafifçe çırpın.
b) Isıtılmış wok veya tavaya bir çorba kaşığı tereyağı ekleyin. Tereyağı eridikten sonra yumurtaları ekleyin ve çırpın.
c) Isıtılmış wok'a bir çorba kaşığı daha tereyağı ekleyin. doğranmış soğan ekleyin. Kalan tereyağını ekleyin ve pişmiş pirinci ekleyin.
d) Pirinçle birlikte soya sosu ve kızarmış susam yağını ekleyin.
e) Kızarmış pirinç hafifçe kızardıktan sonra, yumurtayı ekleyin ve eşit şekilde dağıtmak için karıştırın.
f) Biraz yum sos ile sıcak servis yapın.

Yöntem:

13.Japon Kahvaltılık Tava

Porsiyon Boyutu: 2 Malzemeler:

- Japon tatlı patatesi, yarım su bardağı
- Dilimlenmiş havuç, yarım su bardağı □□Taze zencefil, yarım çay kaşığı.
- Mirin, çeyrek bardak
- Dilimlenmiş mantar, bir su bardağı □□Tamari, iki yemek kaşığı. □□Beyaz soğan, yarım su bardağı □□Susam yağı, iki yemek kaşığı.
- Organik tempeh, bir blok

- Sebze suyu, iki su bardağı

Yöntem:

a) Tempeh bloğuna uyacak orta boy bir tencerede tempeh ve sebze suyunu birleştirin ve kaynatın.
b) Hemen ısıyı azaltın ve on beş dakika hafifçe pişirin. Bittiğinde, küçük küpler halinde doğrayın ve bir kenara koyun.
c) Büyük bir tavada yağı ısıtın ve ardından doğranmış patatesleri ve dilimlenmiş havuçları ekleyin. Isıyı orta yüksekliğe ayarlayın ve sebzeler güzel, altın rengi olana kadar on beş dakika pişirin.
d) Soğanları ve tempeh'i ekleyin ve yaklaşık üç dakika sotelemeye devam edin.
e) Lahana, sarımsak, zencefil ve mantarları ekleyin, ardından hızlıca karıştırın. Tava çok kuru olmalıdır.
f) Şimdi mirin ve tamari ile parlatın.
g) Sırdaki her şeyi kaplamak için birkaç dakika karıştırın.
h) Yemeğiniz servise hazır.

ANA YEMEK

14. Tonkatsu pişmiş domuz lokumu

İçindekiler

- 1 ½ fincan. Panko (Japon ekmek kırıntıları veya normal ekmek kırıntılarınız)
- 1 büyük yumurta. güzel dövülmüş
- 1 ½ yemek kaşığı. nötr yağ
- 3 çay kaşığı Beyaz un
- 1 çay kaşığı. koşer tuzu
- 1 yemek kaşığı. karabiber
- 3 kemiksiz domuz filetosu

- Tonkatsu sosu
- Servis için kıyılmış lahana (tercih edilen miktar)

Talimatlar

a) Fırını 300 dereceye ısıtın
b) Pankoyu kuru bir tavaya atın ve kızartın. Karıştırın ve altın rengine dönene kadar biraz yağ gezdirin
c) Domuz etini tuz ve karabiberle tatlandırın ve üzerine un serpin. Domuz filetolarının her tarafının unla kaplandığından emin olmak
d) Unlanmış filetoları çırpılmış yumurtaya batırın ve soğutulmuş panko üzerine atın. Her tarafının kırıntılarla güzelce kaplandığından emin olun.
e) Domuzu bir fırın tepsisine koyun ve kalınlığına bağlı olarak 40 dakika veya daha fazla pişirin.
f) Bir tabağa koyun ve hazır Tonkatsu sosu ve kıyılmış lahana ile servis yapın

15. Karabiber soslu tofu

İçindekiler

- 1 fincan. Mısır nişastası
- 1 $\frac{1}{2}$ çay kaşığı. Beyaz biber
- 16 oz sert tofu, mükemmel şekilde süzülmüş
- 4 yemek kaşığı sebze yağı
- 1 çay kaşığı. koşer tuzu
- 2 taze soğan, ince dilimlenmiş
- 3 kırmızı biber, çekirdekleri çıkarılmış ve güzelce dilimlenmiş

Talimatlar

a) Tofu'nun iyi drene edildiğinden emin olun ve bir kağıt havluyla kurulayın. Tüm sıvıyı çıkarmak için üzerine ağır bir kesme tahtası bastırabilirsiniz.
b) Tofuyu ince, sağlam küpler halinde dilimleyin
c) Mısır nişastasını beyaz biber ve tuzla karıştırın.
d) Tofuyu un karışımına atın, küplerin iyice kaplandığından emin olun.
e) Onları bir Ziploc torbasında 2 dakika bekletin
f) Yağı yapışmaz bir tavaya dökün, sıcakken tofu küplerini çıtır küpler halinde kızartın.
g) Gruplar halinde kızartın ve
h) Dilimlenmiş biber ve yeşil soğan ile süsleyin

16. Susamlı shiso pirinci

İçindekiler

- 2 bardak. pişmiş pirinç (kısa taneli)
- 12 shiso yaprağı (isterseniz daha fazla yaprak ekleyin). Şeritler halinde ince dilimlenmiş
- 6 adet umeboshi (Japon erik turşusu). Çekirdeksiz ve doğranmış
- 2 yemek kaşığı. susam tohumları, güzelce kızartılmış

a) Temiz, derin bir kapta pişmiş pirinç, umeboshi, shiso yaprakları ve susam tohumlarını birleştirin.

b) Servis

17. Japon mantarlı şehriye çorbası

İçindekiler

- 2 ons Buna shimeji mantarı
- 1 paket. Soba eriştesi veya tercih ettiğiniz erişte. Talimatlara göre kaynatılır ve süzülür
- 3 yemek kaşığı mizkan çorba tabanı
- 2 haşlanmış yumurta, kırılmış ve ikiye bölünmüş
- 1 demet baby bok choy veya marul
- 2 bardak. su
- 2 çay kaşığı beyaz susam tohumları
- taze soğan, doğranmış

Talimatlar

a) Orta boy bir tencerede suyu kaynatın ve çorba tabanı ile baby bok choy ve mantarı ekleyin. 2 dakika pişirin.
b) Pişmiş erişteyi tabaklara/kaselere koyun. Yumurta yarımlarını yerleştirin ve üzerine çorbayı gezdirin.
c) Üzerini dereotu ve susamla süsleyin
d) Yemek çubukları ile servis yapın

18. Japon zencefilli levrek

İçindekiler

- 2 çay kaşığı miso beyaz macun
- 6 oz levrek parçası
- 1 $\frac{1}{4}$ çay kaşığı. mirin
- 1 çay kaşığı. taze zencefil suyu
- 1 çay kaşığı. Şeker
- 3 çay kaşığı uğruna

Talimatlar

a) Orta boy temiz bir kapta, sake hariç tüm malzemeleri birleştirin. İyice karıştırın ve kenara koyun.

b) Balık parçasını karışık içeriğe koyun, sake ekleyin ve iyice kaplanana kadar fırlatın.

c) 4 saat buzlukta bekletin

d) Izgarayı önceden ısıtın ve balığı ızgaraya koyun

e) Izgara yapın, tamamen kahverengi olana ve pişene kadar bir yandan diğer yana atın.

f) Balığı bir tabağa aktarın ve servis yapın

19. Japon patates salatası

İçindekiler

- 2 pound rus patates. Soyulmuş, pişmiş ve ezilmiş
- 3 salatalık. ince dilimlenmiş
- $\frac{1}{4}$ çay kaşığı. Deniz tuzu
- 3 çay kaşığı pirinç şarabı sirkesi
- 1 yemek kaşığı. Japon hardalı
- 7 yemek kaşığı Japon mayonezi
- 2 havuç Dörde bölünmüş ve ince dilimlenmiş
- 3 haşlanmış yumurta
- 1 adet kırmızı kuru soğan. ince dilimlenmiş

Dilimlenmiş salatalığı bir kaseye alın, üzerlerine biraz tuz serpin ve 12 dakika bekletin. Fazla suyu boşaltın ve salatalıkları bir kağıt havluyla kurulayın.

Talimatlar

a)
b) Küçük bir kapta hardal, mayonez ve sirkeyi karıştırın
c) Başka bir büyük kapta patates püresini, mayonez karışımını, yumurtaları, salatalıkları ve havuçları katlayın. Eşit bir karışım elde etmek için iyice karıştırın

20. Japon süslü teriyaki

İçindekiler

- 2 lb somon
- 3 yemek kaşığı doğranmış yeşil soğan

- 2 yemek kaşığı. siyah ve beyaz susam tohumları
- $\frac{1}{2}$ su bardağı sızma zeytinyağı
- Teriyaki sosu
- 4 yemek kaşığı soya sosu
- 1 su bardağı mirin
- 2 $\frac{1}{2}$ fincan. Şeker

Teriyaki sosu, başlığı altındaki tüm malzemeleri bir sos tenceresine alarak kısık ateşte koyulaşıncaya kadar pişirin. Ateşten alın ve soğumaya ayarlayın

b) Yapışmaz bir tavaya biraz yağ dökün ve somonu oraya koyun. tavayı kapatın ve somonu orta ateşte eşit şekilde kahverengi olana kadar pişirin.

c) Tepsiye dizip üzerine teriyaki sosu gezdirin.

d) Beyaz susam ve doğranmış yeşil soğan ile süsleyin.

Talimatlar

a)

21.Soyi ile marine edilmiş mantarlar

İçindekiler

- 4 paket enoki mantarı veya tercih ettiğiniz mantar
- 2 yemek kaşığı. soya sosu
- 3 yemek kaşığı ayçiçek yağı
- 3 yemek kaşığı pirinç sirkesi
- 3 yemek kaşığı Mitsuba. Güzelce doğranmış 2 kırmızı acı biber.
- 1rsp. koşer tuzu
- 2 yemek kaşığı. yeşil şizo. İnce doğranmış

Talimatlar

a) Düşük ısıda, yağı bir tencereye dökün ve ısıtın
b) Kızgın yağa mantarları ekleyin ve tüm yağı çekene kadar karıştırarak kavurun.
c) Ocağı kapatın ve soya sosu, sirke, shiso, mitsuba, tuz ve karabiberi ilave edin.
d) Soğuduğunda servis yapın veya soğutun.

22. Bento ramen yumurtaları

İçindekiler

- 6 büyük yumurta
- 1 yemek kaşığı. karbonat
- Baharat sosu
- $\frac{1}{4}$ fincan. Uğruna
- $\frac{1}{4}$ su bardağı Mizkan Bonito aromalı çorba bazı veya herhangi bir çorba bazı □□5 yk. soya sosu
- 4 yemek kaşığı mirin

Talimatlar

a) Küçük bir tencereye su dökün, kabartma tozu ekleyin, kaynatın. Yumurtaları ekleyin ve su kaynayınca 10 dakika pişirin.

b) Başka bir sos tenceresinde tüm sos malzemelerini karıştırarak 5 dakika pişirin. Isıyı kapatın ve soğutmak için oturun

c) Yumurta bittiğinde, çıkarın ve buz-
sakin ol Kabuğu kırın ve soyun, bir kaba koyun

d) Soğuyan sosu yumurtaların üzerine dökün ve yumurtaların sosa bulanmasını sağlayın. Bir gece buzdolabında bekletin

e) Hazır olunca, buzdolabından her birini ikiye bölün ve servis yapın

23. Japon yumurtalı oyakadon

İçindekiler

- 1 büyük kemiksiz tavuk budu. Isırık boyutlarına göre güzelce kesilmiş
- 3 büyük yumurta, dövülmüş
- 2 $\frac{1}{4}$ yemek kaşığı. mirin
- $\frac{1}{2}$ fincan. Dashi
- 2 kase. Pişmiş pirinç (kısa taneli)
- 2 $\frac{1}{4}$ yemek kaşığı. soya sosu
- 1 büyük sarı soğan, ince dilimlenmiş
- 1 taze soğan, (yeşil kısmı) güzelce dilimlenmiş

- $\frac{1}{2}$ çay kaşığı. Şeker
- 1 $\frac{1}{4}$ yemek kaşığı. Japon aşkına

Talimatlar

a) Bir tencerede mirin ve sakeyi karıştırarak kısık ateşte kaynatın.

b) Soya sosu, dashi, şeker ve soğanı ekleyin. 3 dakika pişirin

c) Tavukları içine atın ve 5 dakika soteleyin.

d) Taze soğanları ekleyin, çırpılmış yumurtalara gezdirin, (karıştırmadan)

e) Yumurta sertleşmeye başladığında, lütfen ısıyı kapatın

f) Pişen pirinci bir kaseye alın ve üzerine yumurta içeriğini dökün.

24. Japon köri topları (Kare tava)

İçindekiler

- Hamur
- 1 fincan. Panko
- 2 yemek kaşığı. sebze yağı
- Köri dolması
- 100 gr dana eti, kıyılmış
- 1 orta boy soğan, doğranmış
- 2 patates, haşlanmış ve ezilmiş
- 2 yemek kaşığı. sarımsak tozu
- 1 havuç ince doğranmış
- 1 yemek kaşığı. garam masala
- 60g köri roux

Talimatlar

a) Orta boy temiz bir tencerede yağı ısıtın, havuçları, soğanları, sarımsak tozunu ekleyin ve yumuşayana kadar pişirin.
b) 20 dakika pişirmek için sığır eti ve biraz su ekleyin.
c) Isıyı azaltın ve köri ve masala ekleyin. Karıştırmak için karıştırın
d) Patates püresini ekleyin ve ayarlamak için iyice karıştırın
e) Fırını 250 dereceye ısıtın
f) Dolgu soğuduğunda. Hamuru toplara bölün, unlu bir yüzeyde yoğurun, hamur parçasının üzerine biraz iç koyun ve ince, sağlam bir top haline getirin
g) Kalanlar için de aynısını yapın, her birini yağla boyayın ve doldurulmuş hamuru panko üzerine atın.
h) Hamuru hazır fırın tepsisine dizin ve 20 dakika pişirin.

25. Onigiri

Porsiyon Boyutu: 3 Malzemeler:

- Nori sayfası, gerektiği gibi
- Umeboshi, bir
- Soya sosu, yarım çay kaşığı.
- Mirin, yarım çay kaşığı.
- Ton balığı, bir su bardağı
- Japon mayonezi, iki yemek kaşığı.
- Tuzlu somon, tek parça
- Pişmiş pirinç, iki su bardağı

Yöntem:

a) Pilavı pilav pişiricinize göre pişirin veya pilav pişiriciniz yoksa buradaki talimatları izleyin.
b) Pişen pirinci soğuması için ayrı bir kaba aktarın.
c) Kullanacağınız tüm dolguları hazırlayın ve bir kenara koyun.
d) Deniz yosunu yaprağı hazırlayın.
e) Bir pirinç kasesinin üzerine streç film yerleştirin.
f) Pişmiş pirincin bir kısmını streç filmin ortasına yerleştirin.
g) Pirincin ortasına yaklaşık 1 çay kaşığı umeboshi koyun ve etrafını pirinçle kaplayın.
h) Streç folyoyu pirincin üzerine sarın ve pirinci elinizle sıkın ve üçgen şeklinde şekillendirin.
i) Streç filmi çıkarın ve pirinç üçgeninin altını bir nori tabakasıyla kaplayın.
j) Yemeğiniz servise hazır.

26.Natto

Porsiyon Boyutu: 1 Malzemeler:

- Taze soğan, süslemek için □□Natto, bir yemek kaşığı.
- Soya sosu, yarım çay kaşığı.
- Saikkyo, bir buçuk çay kaşığı.
- Tofu, yarım blok □□Miso, iki yemek kaşığı.
- Wakame tohumları, bir avuç
- Dashi, iki bardak

Dashi'yi bir çorba tenceresinde kaynama noktasına getirin ve bir kaşık dolusu natto'yu sıvıya koyun. İki dakika kaynatın.

Yöntem:

a)
b) Miso hamurlarını tencereye koyun ve hamurları dashi içinde eritmek için bir kaşığın arkasını kullanın.
c) Wakame ve tofuyu ekleyin ve 30 saniye daha pişirin.
d) Frenk soğanı ile süsleyin.
e) Hemen servis yapın.

27. Agedashi Tofu

Porsiyon Boyutu: 3 Malzemeler:

- Aromalı yağ, üç su bardağı Mısır nişastası, dört yemek kaşığı.
- Soya sosu, iki yemek kaşığı.
- Katsuobishi, gerektiği gibi
- Tofu, bir blok
- Mirin, iki yemek kaşığı.
- Daikon turp, gerektiği gibi
- Arzuya göre taze soğan
- Shichimi Togarashi, bir avuç
- Dashi, bir fincan

Tüm malzemeleri toplayın.

b) Tofuyu üç kat kağıt havluyla sarın ve üstüne başka bir tabak yerleştirin. Suyu on beş dakika boyunca tofudan boşaltın.

c) Daikonu soyun ve rendeleyin ve yavaşça suyunu sıkın. Yeşil soğanı ince dilimler halinde kesin.

d) Küçük bir tencereye dashi, soya sosu ve mirin koyun ve kaynatın.

e) Tofuyu kağıt havlulardan çıkarın ve sekiz parçaya bölün.

f) Tofuyu patates nişastası ile kaplayın, fazla un bırakın ve hemen açık kahverengi ve çıtır çıtır olana kadar derin kızartın.

Yöntem:

a)

g) Tofuyu çıkarın ve kağıt havlu veya tel ızgara ile kaplı bir plaka üzerinde fazla yağı boşaltın.

h) Servis yapmak için tofuyu bir servis kasesine koyun ve tofuyu ıslatmadan sosu yavaşça dökün.

28. Nasu Dengaku

Porsiyon Boyutu: 4 Malzemeler:

- Japon patlıcanı, üç □□Aromalı yağ, bir yemek kaşığı.
- Sake, iki yemek kaşığı.
- şeker, iki yemek kaşığı.
- Miso, dört yemek kaşığı.
- İsteğe göre susam

- Tofu, bir blok
- Mirin, iki yemek kaşığı.
- Daikon turp, üç
- Konnyaku, bir avuç

Sake, mirin, şeker ve misoyu bir tencerede birleştirin.

b) Birleştirmek için iyice karıştırın ve ardından en düşük ısıda hafif bir kaynamaya getirin. Sürekli karıştırarak birkaç dakika pişirin.

c) Tofuyu iki yaprak kağıt havluyla sarın ve tofuyu iki tabak arasında 30 dakika bastırın.

d) Tofu ve patlıcanları parşömen kağıdı veya silikon fırın tepsisiyle kaplı kenarlı bir fırın tepsisine yerleştirin. Bir fırça ile tofu ve patlıcanların üstüne ve altına bitkisel yağ sürün.

e) 400 derecede yirmi dakika veya patlıcan yumuşayana kadar pişirin.

f) Miso sırının bir kısmını tofu ve patlıcanlarınızın üzerine dikkatlice kaşıklayın ve eşit şekilde yayın. Beş dakika kaynatın.

Yöntem:

a)

29.Omurice

Porsiyon Boyutu: 2

Malzemeler:

- Kemiksiz tavuk, yarım kilo Zeytinyağı, bir yemek kaşığı.
- Karışık sebzeler, yarım su bardağı
- İsteğe göre tuz ve karabiber Pişmiş Japon pirinci, bir buçuk su bardağı Soya sosu, bir çay kaşığı.
- Ketçap, bir yemek kaşığı.
- Süt, iki yemek kaşığı.
- yumurta, iki

- Peynir, bir avuç

Yağı ısıtın ve soğanı yumuşayana kadar soteleyin. tavuğu ekle

b) Karışık sebzeleri ekleyin ve tuz ve karabiber ekleyin.

c) Pirinci ekleyin ve küçük parçalara bölün.

d) Ketçap ve soya sosu ekleyin ve her şeyi bir spatula ile eşit şekilde karıştırın.

e) Tavada zeytinyağını orta yüksek ateşte ısıtın.

f) Tava ısındığında, yumurta karışımını tavaya dökün ve tavanın altını kaplayacak şekilde eğin. Yumurtanın altı pişince altını kısın.

g) Peyniri ve bölünmüş kızarmış pirinci Omlet'in üzerine koyun.

Yöntem:

a)

30.Okonomiyaki

Porsiyon Boyutu: 4 Malzemeler:

- Dashi, bir fincan
- İstiridye sosu, bir yemek kaşığı.
- Nagaimo, gerektiği gibi
- Tuz, gerektiği gibi
- Bir buçuk su bardağı un Şeker, yarım çay kaşığı.
- Kabartma tozu, yarım çay kaşığı. Dilimlenmiş domuz göbeği, yarım pound Süt, iki yemek kaşığı.

Yumurtalar, dört

lahana, bir

Yöntem:

a) Tüm hamur malzemelerini karıştırın.

b) Rendelenmiş nagaimo ve dashi'yi kaseye ekleyin.

c) Hepsi bir araya gelinceye kadar karıştırın.

d) Hamuru buzdolabından çıkarın ve kaseye yumurta, tempura artıkları ve kırmızı zencefil turşusu ekleyin. İyi kombine olana kadar iyice karıştırın.

e) Hamura kıyılmış lahana ekleyin. Gerisini eklemeden önce iyice karıştırın.

f) Büyük bir tavada, bitkisel yağı orta ateşte ısıtın. Hamuru eşit şekilde yayın.

g) Dilimlenmiş domuz karnını Okonomiyaki'nin üzerine yerleştirin ve üstü kapalı olarak beş dakika pişirin.

h) Okonomiyaki'ye hafifçe basın. Örtün ve beş dakika daha pişirin.

-
-

31. Peynirli Ramen Carbonara

Pişirme Süresi: 30 dakika

Porsiyon Boyutu: 4 Malzemeler:

- Dashi, bir fincan
- Zeytinyağı, bir yemek kaşığı.
- Pastırma dilimleri, altı
- Tuz, gerektiği gibi
- Kıyılmış sarımsak, iki
- İsteğe göre maydanoz □□Parmesan peyniri, yarım su bardağı □□Süt, iki yemek kaşığı. yumurta, iki Ramen paketi, üç

Yöntem:

a) Tüm malzemeleri birleştirin.
b) Erişteleri paket talimatlarına göre kaynatın.

c) Gerekirse sosu daha sonra gevşetmek için çeyrek bardak pişirme suyu ayırın. Erişteleri süzün ve yapışmamaları için zeytinyağı ile atın.
d) Orta tavada orta ateşte ısıtın. Pastırma parçalarını kahverengi ve gevrek olana kadar pişirin. Erişteleri tavaya ekleyin ve erişteler pastırma yağıyla kaplanana kadar pastırmayla birlikte atın.
e) Yumurtaları çatalla çırpın ve parmesan peyniri ile karıştırın. Yumurta-peynir karışımını tavaya dökün ve pastırma ve erişte ile atın.

-
-

32.Yakışoba

Pişirme Süresi: 30 dakika

Porsiyon Boyutu: 4

İçindekiler:

- Balık sosu, iki yemek kaşığı.
- Yumurta, bir
- Soya sosu, yarım su bardağı
- Pişmiş Japon pirinci, üç bardak
- Domates, iki
- Kişniş, yarım su bardağı Tuz ve karabiber, tatmak için Bitkisel yağ, iki yemek kaşığı. Japon biberi, üç

Kavrulmuş ceviz, yarım su bardağı

- Tavuk göğsü, sekiz ons
- Soğan, bir □□Yarım su bardağı yeşil soğan □□Kıyılmış sarımsak, bir çay kaşığı.

Talimatlar:

a) Wok çok sıcak olduğunda, iki çay kaşığı yağ ekleyin.

b) Yağ kızdığında tavuğu ekleyin ve her tarafı kızarana ve pişene kadar yüksek ateşte pişirin.

c) Tavuğu çıkarın ve bir kenara koyun, yumurtaları, bir tutam tuzu ekleyin ve pişene kadar bir veya iki dakika pişirin.

d) Wok'a kalan yağı ekleyin ve soğan, yeşil soğan ve sarımsağı ekleyin. Bütün pirinci karıştırın. Tüm malzemeleri karıştırmak için soya sosu ve balık sosu ekleyin.

e) Birkaç dakika karıştırmaya devam edin ve ardından yumurtayı ve tavuğu tekrar wok'a ekleyin.

•

•

33. Fırında tavuk Katsu

Pişirme Süresi: 25 dakika

Porsiyon Boyutu: 4

İçindekiler:

- Kemiksiz tavuk göğsü parçaları, bir pound
- Panko, bir fincan
- Çok amaçlı un, yarım su bardağı □□Su, bir yemek kaşığı.
- Yumurta, bir
- Tatmak için biber ve tuz
- Tonkatsu sosu, gerektiği gibi

Talimatlar:

a) Panko ve yağı bir tavada birleştirin ve orta ateşte kızarana kadar kızartın. Pankoyu sığ bir tabağa aktarın ve soğumaya bırakın.

b) Tavuk göğsünü kelebekleyin ve ortadan ikiye kesin. Tavuğun her iki tarafına da tuz ve karabiber serpin.

c) Derin bir kapta unu ekleyin ve başka bir sığ kapta yumurta ve suyu çırpın.

d) Her tavuk parçasını una bulayın ve fazla unu silkeleyin. Yumurta karışımına daldırın ve ardından tavuğa yapışması için sıkıca bastırarak kızarmış panko ile kaplayın.

e) Tavuk parçalarını hazırlanan fırın tepsisine yaklaşık yirmi dakika yerleştirin. Hemen servis yapın veya bir tel rafa aktarın, böylece katsu'nun altı nemden ıslanmaz.

•

34. Hayashi Kıyma Köri

Porsiyon Boyutu: 2 Malzemeler:

- soğan, bir
- Havuç, yarım su bardağı
  Kıyma, yarım pound
  Kanola yağı, bir yemek
  kaşığı.
- Ketçap, iki yemek kaşığı.
  Tuz ve karabiber,
  tatlandırmak için Mısır
  nişastası, bir çay kaşığı.
- Et suyu, bir su bardağı
  Sake, bir yk.

Haşlanmış yumurta, bir

Talimatlar:

a) Yumurtayı kaynatın ve küçük parçalar halinde kesin veya bir çatalla ezin. Tuz ve karabiberle iyice tatlandırın.
b) Yağı ısıtın ve soğan ve havuç ekleyin.
c) Kıymanın üzerine mısır nişastasını serpip sebzelere ekleyin. Çeyrek su bardağı et suyunu ekleyin ve karıştırırken kıymayı kırın.
d) Et suyu, ketçap, sake ve Worcestershire sosu ekleyin.
e) İyice karıştırın ve on dakika veya tüm sıvı buharlaşana kadar pişirin. Tuz ve karabiber serpin.
f) Ayrı bir tavada soğanları pembeleşinceye kadar kavurun.

•

35. Biftek ile Ramen Noodle Tava

Pişirme Süresi: 15 dakika

Porsiyon Boyutu: 2

Malzemeler:

- soğan, bir
- Havuç, yarım su bardağı Kıyma, yarım pound Kanola yağı, bir yemek kaşığı.
- Ketçap, iki yemek kaşığı. Tuz ve karabiber, tatlandırmak için Mısır nişastası, bir çay kaşığı.
- Et suyu, bir su bardağı

  Sake, bir yemek kaşığı.

- Haşlanmış yumurta, bir
- Worcestershire sosu, bir yemek kaşığı.

Talimatlar:

a) Orta-yüksek ateşte büyük bir tavada, ısı yağı.

b) Biftek ekleyin ve ortam için her bir tarafta yaklaşık beş dakika olmak üzere istediğiniz tamamlanana kadar kavurun, ardından bir kesme tahtasına aktarın ve beş dakika dinlendirin ve ardından dilimleyin.

c) Küçük bir kapta soya sosu, sarımsak, limon suyu, bal ve kırmızı biberi bir araya gelene kadar çırpın ve bir kenara koyun.

d) Tavaya soğan, biber ve brokoli ekleyin ve yumuşayana kadar pişirin, ardından soya sosu karışımını ekleyin ve tamamen kaplanana kadar karıştırın.

e) Pişmiş ramen eriştelerini ve bifteği ekleyin ve birleştirilene kadar fırlatın.

-

36. Tavuk Teriyaki

Pişirme Süresi: 15 dakika

Porsiyon Boyutu: 2

İçindekiler:

- Susam yağı, bir çay kaşığı. □□Brokoli, servis için □□Bal, bir yemek kaşığı.
- Ketçap, iki yemek kaşığı. □□Tuz ve karabiber, tatlandırmak için □□Mısır nişastası, bir çay kaşığı.
- Pişmiş beyaz pirinç, bir su bardağı
- Sarımsak ve zencefil, bir yemek kaşığı.

Haşlanmış yumurta, bir □□Soya sosu, bir yemek kaşığı.

Talimatlar:

a) Orta boy bir kapta soya sosu, pirinç sirkesi, yağ, bal, sarımsak, zencefil ve mısır nişastasını birlikte çırpın.
b) Orta ateşte büyük bir tavada, yağı ısıtın. Tavaya tavuk ekleyin ve tuz ve karabiber ekleyin. Altın rengi olana ve neredeyse tamamen pişene kadar pişirin.
c) Tavuğu örtün ve sos hafifçe koyulaşana ve tavuk tamamen pişene kadar pişirin.
d) Susam tohumları ve yeşil soğan ile süsleyin.
e) Buğulanmış brokoli ile pirinç üzerinde servis yapın.

•

37.Japon Somon Kasesi

Pişirme Süresi: 30 dakika

Porsiyon Boyutu: 4

İçindekiler:

- Biber sosu, bir çay kaşığı.
- Soya sosu, bir çay kaşığı.
- Pirinç, iki su bardağı □□Susam yağı, bir yemek kaşığı.
- Zencefil, iki yemek kaşığı. □□Tuz ve karabiber, tatlandırmak için □□Susam tohumları, bir çay kaşığı.
- Sirke, bir çay kaşığı.
- Parçalanmış nori, gerektiği gibi
- Somon, yarım kilo
  Kıyılmış lahana, bir su bardağı

Talimatlar:

a) Büyük bir tencereye pirinci, üç su bardağı suyu ve yarım çay kaşığı tuzu koyup kaynatın ve on beş dakika veya suyunu çekene kadar pişirin.
b) Sirke, soya sosu, acı sos, susam yağı, susam ve zencefili bir kaseye koyun ve iyice karıştırın.
c) Somonu ekleyin ve tamamen kaplanana kadar hafifçe karıştırın.
d) Kıyılmış lahana ve susam yağını bir kaseye koyun ve iyice birleşene kadar karıştırın.
e) Her kaseye büyük bir kaşık pirinç koyun, lahanayı ekleyin ve mayonezin üzerine sıkın.

38. Suşi Pirinci/Chirashi-zushi

İçindekiler:

- Japon pirinci, iki bardak
- Pirinç sirkesi, çeyrek su bardağı
- Tuz, bir çay kaşığı ve Şeker, iki yemek kaşığı.
- Shitake mantarları, sekiz
- Sashimi, yarım pound
- Yumurta, üç & Mirin, bir çay kaşığı.
- İsteğe göre susam
- Ton balığı, yarım kilo

Talimatlar:

a) Malzemeleri birleştirin.
b) Pirinci büyük bir kaseye koyun ve soğuk suyla yıkayın.
c) Pirinci bir pirinç pişiriciye koyun ve yaklaşık iki bardak su ekleyin. Pirinci en az otuz dakika suda bekletin. Ocağı çalıştırın.
d) Küçük bir tencerede pirinç sirkesi, şeker ve tuzu karıştırın. Tavayı kısık ateşe koyun ve şeker eriyene kadar ısıtın.
e) Sıcak buğulanmış pirinci büyük bir tabağa veya büyük bir kaseye yayın. Sirke karışımını pirincin üzerine serpin ve bir shamoji kullanarak hızlıca pirince karıştırın.
f) Bir tavaya shiitake, soya sosu, şeker ve mirin ekleyin. Shiitake'yi sıvı neredeyse bitene kadar kısık ateşte pişirin.
g) Orta boy bir tavayı yağlayın ve bir kepçe yumurta ve şeker karışımını dökün ve ince bir Omlet yapın

39. Kızarmış Karides ve Sebzeler

Pişirme Süresi: 10 dakika

Porsiyon Boyutu: 4

İçindekiler:

- Limon suyu, üç yemek kaşığı.
- Karides, iki kilo □□Tuz ve karabiber, tatmak için □□Acı biber, bir yemek kaşığı.
- Sebzeleri karıştırın, bir su bardağı
- Sashimi, yarım pound
- yumurta, üç
- Mirin, bir çay kaşığı.
- İsteğe göre susam

Talimatlar:

a) Karidesleri baharatlar, limon suyu ve zeytinyağı ile marine edin.
b) Bu arada sebzeleri doğrayın ve dilimleyin.
c) Bir tavaya bir yemek kaşığı zeytinyağı ekleyin ve orta ateşte ısıtın.
d) Sebzeleri altın sarısı bir renk alana ve yumuşayana kadar soteleyin. Çıkarın ve bir kaseye koyun.
e) Aynı tavada karidesleri tamamen pişene kadar soteleyin. Sonra kurabiye sebzelerini tavaya geri koyun ve karideslerle iki dakika soteleyin.
f) Çıkarın ve servis yapın.

40.Tencerede Tavuk/Mizutaki

Pişirme Süresi: 10 dakika

Porsiyon Boyutu: 4 Malzemeler:

- Negi, bir
- Mizuna, dört
- Napa lahana, sekiz
- havuç, yarım su bardağı
- Tavuk budu, bir pound
- Kombu, yarım kilo Şeker, bir çay kaşığı.
- Zencefil, bir çay kaşığı.
- İsteğe göre susam

Talimatlar:

a) Bütün malzemeleri karıştır.

b) Büyük bir kapta, soğuk demleme kombu dashi yapmak için beş bardak su ve kombu ekleyin. Tavuğu hazırlarken bir kenara koyun.

c) Orta boy bir tencereyi suyla doldurun ve kemikli, derili tavuk uyluk parçalarını ekleyin. Orta-düşük ısıyı açın.

d) Soğuk demleme kombu dashi'de az önce duruladığınız tavuk but parçalarını ekleyin.

e) Ayrıca tavuk parçaları sake ve zencefil ekleyin.

f) Orta ateşte kaynatın.

g) Isıyı orta-düşük seviyeye düşürün ve üstü kapalı otuz dakika pişirin. Bu süre zarfında diğer malzemeleri hazırlamaya başlayın. Otuz dakika sonra zencefil dilimlerini çıkarın ve atın.

JAPON SALATASI

41.Japon salatalık salatası

Pişirme Süresi: 10 dakika

Porsiyon Boyutu: 8

İçindekiler:

- Yer fıstığı, yarım su bardağı □□Soya sosu, üç yemek kaşığı.
- Susam yağı, bir çay kaşığı.
- şeker, bir yemek kaşığı.
- Şarap sirkesi, üç yemek kaşığı.
- Küçük salatalık, on iki ons

- Sarımsak, bir
- İsteğe göre taze kişniş

Talimatlar:

a) Sosu birlikte çırpın ve istediğiniz gibi ayarlamak için tadına bakmayı unutmayın.
b) Darbeli düğmeyi kullanarak fıstıkları bir mutfak robotunda ince bir şekilde öğütün.
c) Önce kabuğun bir kısmını çıkarmak isterseniz, kenarlardan aşağı bir çentik alma aleti çalıştırabilir veya dekoratif bir kenar oluşturmak için bir çatalın dişlerini kenarlardan aşağı doğru geçirebilirsiniz.
d) Salatalıkları bir kaseye koyun ve üzerini iyice kaplayacak kadar sos ekleyin, hepsine ihtiyacınız olmayabilir.
e) Ezilmiş yer fıstığı ile atın, pul biber serpin ve kişniş yaprakları ile süsleyin.

42. Japon Salatası

Pişirme Süresi: 10 dakika

Porsiyon Boyutu: 2

İçindekiler:

- Fıstık ezmesi, üç yemek kaşığı.
- Pirinç sirkesi, bir yemek kaşığı.
- Tatlım, bir çay kaşığı.
- şeker, bir yemek kaşığı.
- Şarap sirkesi, üç yemek kaşığı.
- Su teresi, altı su bardağı □□Mirin, iki yemek kaşığı.

Talimatlar:

a)

Orta boy bir tencerede, bir çorba kaşığı koşer tuzu ile tuzlanmış suyu kaynatın.

b) Fıstık ezmesi, bal, pirinç sirkesi, soya sosu ve mirin'i orta boy bir kaseye koyun.

c) Su teresini durulayın, süzün ve yapraklarını saplarından ayırın.

d) Sapları irice doğrayın ve yapraklarla birlikte kaynayan suya ekleyin.

e) Saplar yumuşayana kadar ancak yumuşak bir çıtırtı verene kadar pişirin.

f) Süzün, soğuk su altında durulayın ve fazla suyu hafifçe sıkın.

g) Su teresini hafifçe vurun, kağıt havluyla kurulayın ve bir karıştırma kabına ekleyin.

h) Sosu su teresinin üzerine dökün ve su teresi eşit şekilde kaplanana kadar fırlatın.

43. Kani Salatası

Pişirme Süresi: 10 dakika

Porsiyon Boyutu: 4

İçindekiler:

- Havuç, bir orta boy
- Salatalık, iki orta boy
- Olgun mango, bir fincan
- Japon mayonezi, bir yemek kaşığı.
- yarım limon
- Tatmak için biber ve tuz
- Kani, 150 gr

Havuçları soyun ve uçlarını kesin.

Talimatlar:

a)
b) Salatalık için de aynısını yapın, ancak çekirdeği tohumlarla birlikte eklemeyin.
c) Şeritleri gevşetmek için bir parçayı uçtan uca hafifçe bastırarak yengeç çubuklarını elle parçalayın ve ardından her şeridi birbirinden ayırın.
d) Olgun mangoyu soyun.
e) Büyük bir kapta salatalık, havuç, Kani, mango ve Japon mayonezini ekleyin. Üzerine yarım limonun suyunu sıkın ve atın.
f) Gerektiği kadar tuz ve karabiber ekleyin ve tüm malzemeler iyice karışana kadar bir kez daha atın.
g) Hemen servis yapın veya hazır olana kadar soğutun.
h) Bir kat buzdağı veya marul üzerinde servis yapın.

44. Oşitaşi

Pişirme Süresi: 5 dakika

Porsiyon Boyutu: 1

İçindekiler:

- Ispanak, bir pound
- Susam tohumları, bir yemek kaşığı.
- Soya sosu, bir yemek kaşığı.
- Mirin, bir yemek kaşığı.

Talimatlar:

a) Susamları tavada hafif renk alana kadar kavurun.
b) Ispanağı büyük bir tencereye kaynar su ekleyin ve solana kadar iki ila üç dakika pişirin.
c) Bir buz banyosu hazırlayın.
d) Ispanağı bir kevgir içinde boşaltın.
e) Kuru sıkın ve bir kaseye koyun.
f) Pişen ıspanağı soya sosu, mirin ve susamla karıştırın.
g) Oda sıcaklığında servis yapın.

45. Japon Lahana Salatası

Pişirme Süresi: 5 dakika

Porsiyon Boyutu: 1

İçindekiler:

- Lahana salatası karışımı, bir su bardağı
- Susam tohumları, bir yemek kaşığı.
- Soya sosu, bir yemek kaşığı.
- Mirin, bir yemek kaşığı.
- İsteğe göre palamut gevreği

Talimatlar:

a) Sosu için tüm malzemeleri bir kapta karıştırıp rendelenmiş lahana salatası karışımının üzerine dökün.

b) İyice karıştırın ve susam ve palamut pullarıyla süsleyin.

46.Ramen Erişte Salatası

Pişirme Süresi: 15 dakika

Porsiyon Boyutu: 1

İçindekiler:

- Lahana ve soğan, bir su bardağı □□Susam, bir yemek kaşığı.
- Soya sosu, bir yemek kaşığı.
- şeker, bir yemek kaşığı.
- Sirke, bir yemek kaşığı.
-

Talimatlar:

a)

- Tereyağı, gerektiği kadar
- Ramen erişte, bir paket

Arzuya göre badem

Yağ, sirke, şeker ve soya sosunu bir kavanozda birleştirin ve şeker eriyene kadar çalkalayın.

b) Orta ateşte büyük bir tavada tereyağını eritin. Tereyağı erirken, ramen eriştelerini paketin içindeyken ezin.

c) Baharat paketini çıkarın ve atın.

d) Erişte, badem ve susamı tavada eritilmiş tereyağına ekleyin.

e) Erişte karışımı altın kahverengi olana kadar sık sık karıştırarak soteleyin.

f) Lahanayı parçalayın ve lahana ve soğanları büyük bir karıştırma kabında birleştirin. Erişte karışımını ekleyin.

g) Sosu salatanın üzerine dökün ve birleştirmek için iyice atın.

h) Hemen servis yapın.

47.Domuz Chimichurri Salatası

Pişirme Süresi: 15 dakika

Porsiyon Boyutu: 2

İçindekiler:

- Domuz pirzolası, bir pound
- Yeşiller, altı ons
- Kiraz domates, iki su bardağı □□Zeytinyağı, bir yemek kaşığı.
- Sirke, bir yemek kaşığı.
-

Talimatlar:

a)

- İsteğe göre maydanoz
- Chipotle, yarım

İsteğe göre kekik yaprağı

- İsteğe göre tuz ve karabiber □□Chimichurri sosu, zevke göre

Talimatlar:

a) Bir mutfak robotunda zeytinyağı, sirke, maydanoz, kekik yaprakları ve yongayı birleştirin. Tuz ve karabiber serpin ve bir kenara koyun.

b) Bir piliç önceden ısıtın. Kenarlı bir fırın tepsisini folyo ile kaplayın ve yemeklik yağ ile püskürtün.

c) Domuz eti fırın tepsisine koyun ve her iki tarafına da tuz ve karabiber serpin. İç sıcaklık 145 dereceye ulaşana kadar her tarafta beş dakika kızartın. Domuzu piliçten çıkarın ve beş dakika dinlendirin.

d) Bu arada, büyük bir kapta yeşillikleri, çeri domatesleri, peyniri ve chimichurri sosunu tatmak için birleştirin. Salatayı tabaklara veya tabağa dizin.

e) Salatanın üzerine yerleştirin, üzerine ilave sos gezdirin ve servis yapın.

•

48. Bahar Yeşil Salatası

Pişirme Süresi: 30 dakika

Porsiyon Boyutu: 4

İçindekiler:

- Patates salatası, yarım kilo
- Petits pois, yarım su bardağı
- Kuşkonmaz, yarım su bardağı □□Zeytinyağı, dört yemek kaşığı.
- Kabak çekirdeği, bir yemek kaşığı.
- Taze soğan, dört
- Bebek kabak, bir su bardağı

Tam tahıllı hardal, gerektiği kadar

- İsteğe göre tuz ve karabiber
- Bal, damak tadına göre □□Limon suyu, gerektiği kadar

Talimatlar:

a) Sosu yapmak için tüm malzemeleri bir karıştırıcıya koyun ve pürüzsüz ve emülsifiye olana kadar işleyin.
b) Patatesleri hafif tuzlu kaynar suda on dakika veya yumuşayana kadar pişirin, son iki dakika petits pois'i ekleyin.
c) Büyük bir ızgara tavası veya kalın tabanlı kızartma tavasını sıcak olana kadar ısıtın. Bir çorba kaşığı zeytinyağı ekleyin ve kuşkonmazı tek kat halinde ekleyin.
d) Beş dakika veya hafifçe kömürleşene kadar pişirin. Tavadan çıkarın ve patates karışımına ekleyin.
e) Sıcakken, dilimlenmiş kabakları ekleyin ve beş dakika pişirin. Marul ve taze soğan ile patates karışımına ekleyin.
f) Sosu karıştırdıktan sonra salatanın üzerine dökün ve iyice karıştırın.

-

49.Japon Mısır Salatası

Pişirme Süresi: 30 dakika

Porsiyon Boyutu: 4

İçindekiler:

- Mayonez, bir yemek kaşığı.
- Lahana, bir □□Mısır, yarım su bardağı
- şeker, bir yemek kaşığı.
- Damak zevkine göre tuz ve karabiber
- Öğütülmüş susam tohumları, iki yemek kaşığı.

Talimatlar:

a) Lahanayı rendeleyin ve fazla suyunu süzün. Güzel bir doku sağlamak için çok ince parçalamayın.
b) Sosu hazırlamak için malzemeleri birlikte karıştırın.
c) Başka bir kapta lahana ve mısırı karıştırın. Pansumanı ekleyin ve bitirdiniz.
d) Lahana sulanma eğiliminde olduğu için servis yapmadan hemen önce sosu ekleyin.
e) Yemeğiniz servise hazır.

50. Soya hıyarı sonomono

İçindekiler

- 1 salatalık Dilimlenmiş
- 1 $\frac{1}{2}$ çay kaşığı. koşer tuzu
- 2 çay kaşığı mirin
- 4g kurutulmuş yosun karışımı
- 2 $\frac{1}{4}$ çay kaşığı. pirinç sirkesi
- 2 çay kaşığı soya sosu
- 2 çay kaşığı susam tohumları (süsleme için) Talimatlar

a) Küçük bir kapta sirke, mirin ve soya sosunu birleştirin; kenara koymak

b) Bir kaseye dilimlenmiş salatalıkları koyun ve üzerlerine tuz gezdirin. Tüm sıvının dışarı çıkması için 7 dakika üzerini örtün

c) Suyunu süzün ve bir kaseye bırakın

d) Yosunu bir kase suya koyun, 8 dakika bekletin. suyu boşaltın

e) Süzülmüş salatalık dilimlerini ve deniz yosununu bir kaseye koyun. Üzerine soya karışımını dökün, üzerine susam serpin

JAPON ÇORBASI TARİFLERİ

51. Miso çorbası

Pişirme Süresi: 15 dakika

Porsiyon Boyutu: 4

İçindekiler:

- Su, dört bardak
- Miso ezmesi, üç yemek kaşığı.
- Yeşil soğan, iki
- Dashi granülleri, iki yemek kaşığı.
- Tofu, bir blok

Orta-yüksek ateşte orta boy bir tencerede dashi granüllerini ve suyu birleştirin; kaynatın.

b) Isıyı ortama düşürün ve miso hamurunu çırpın ve ardından tofu ile karıştırın.

c) Yeşil soğanların katmanlarını ayırın ve çorbaya ekleyin.

d) Servis yapmadan önce birkaç dakika hafifçe pişirin.

e) Çorbanız servise hazır.

52. Ochazuke

Pişirme Süresi: 5 dakika

Talimatlar:

a)

Porsiyon Boyutu: 1

İçindekiler:

- Dashi, bir yemek kaşığı.
- Soya sosu, bir çay kaşığı.
- Japon yeşil çay yaprakları, bir
- Su, bir bardak
- Tat vermek için tuz ve karabiber □□Mirin, bir çay kaşığı.

Tüm malzemeleri küçük bir tencerede birleştirin ve kaynatın.

b) Çorbayı küçük bir çaydanlığa dökün.

c) Çay yapraklarını tencereye koyun.

d) Suyu çayınız için uygun sıcaklığa getirin ve demliğe dökün.

e) İki dakika kenara koyun.

f) Çorbanız servise hazır.

53.ozoni

Pişirme Süresi: 20 dakika

Porsiyon Boyutu: 4 Malzemeler:

- Dashi, bir fincan
- Soya sosu, bir yemek kaşığı.
- Sake, bir yemek kaşığı.
- Tavuk şeritleri, bir pound
- Su, iki bardak
- Tatmak için biber ve tuz

Tüm malzemeleri birlikte karıştırın ve kaynamaya bırakın.

Talimatlar:

a)

b) Çorbanız servise hazır.

54. Japon Berrak Soğan Çorbası

Pişirme Süresi: bir saat

Porsiyon Boyutu: 5

İçindekiler:

- Bitkisel yağ, iki yemek kaşığı.
- soğan, bir
- havuç, bir su bardağı
- Sarımsak ve zencefil ezmesi, bir yemek kaşığı.
- Tavuk suyu, bir su bardağı

- Et suyu, bir su bardağı □□Gerektiği kadar tuz ve karabiber

Talimatlar:

a) Orta-yüksek ateşte büyük bir tencereyi yerleştirin.
b) Yağı ekleyin ve soğan, sarımsak, havuç ve zencefili tencereye koyun.
c) Sarımsağı yakmamaya dikkat ederek sebzeleri karamelize etmek için her taraftan kızartın.
d) Tavuk suyu, et suyu ve suyu dökün.
e) kaynatın.
f) Isıyı düşük kaynama noktasına getirin ve en az bir saat pişirin.
g) Sebzeleri et suyundan çıkarmak için bir skimmer kullanın.
h) Tadına bakın, ardından tuzu gerektiği gibi ayarlayın.
i) Yemeğiniz servise hazır.

55. Wonton Köfte Çorbası

Porsiyon: 6

İçindekiler:

- Wonton ambalaj kağıtları, yirmi dört
- İnce kıyılmış taze soğan, bir çay kaşığı.
- İnce kıyılmış zencefil, bir çay kaşığı.
- Soya sosu, bir yemek kaşığı.
- Esmer şeker, bir çay kaşığı.
- Tavuk göğsü, kıyılmış, iki
- Taze ıspanak, bir su bardağı
- Karides, bir pound

- Su kestanesi, sekiz ons
- Mantar, dilimlenmiş, bir fincan Pirinç şarabı, bir yemek kaşığı. Kıyma domuz eti, sekiz ons

Talimatlar:

a) Tavuk suyunu kaynama noktasına getirin ve ardından tüm malzemeleri ekleyin.
b) Tavuk ve karidesler tamamen pişene kadar yaklaşık 10 dakika pişirin.
c) Bir kapta domuz eti, yer karidesi, esmer şeker, pirinç şarabı veya şeri, soya sosu, yeşil soğan ve kıyılmış zencefili karıştırın.
d) İyice karıştırın ve tatların karışması için 25-30 dakika bekletin.
e) Bir çay kaşığı ekleyin. her wonton ambalajının ortasındaki dolgunun.
f) Her wontonun kenarlarını biraz suyla ıslatın ve mühürlemek için parmaklarınızla birbirine bastırın.
g) Pişirmek için, kaynayan tavuk suyuna wonton ekleyin ve 4-5 dakika pişirin.

56.Kimchi ve Tofu Çorbası

Porsiyon Boyutu: 2

İçindekiler:

- Bitkisel yağ, bir yemek kaşığı.
- yeşil soğan, altı
- Kimchi, yarım su bardağı □□Tavuk suyu, bir su bardağı □□Soya sosu, üç yemek kaşığı.
- Damak zevkine göre tuz ve karabiber
- Sarımsak ve zencefil ezmesi, bir yemek kaşığı.
- Tofu, bir blok
- Daikon, bir

Talimatlar:

a) Yağı büyük bir tencerede yüksek ateşte ısıtın.

b) Yeşil soğan, sarımsak ve zencefilin beyaz ve soluk yeşil kısımlarını sık sık karıştırarak yumuşayana ve hoş kokulu olana kadar yaklaşık üç dakika pişirin.

c) Et suyunu ekleyin, ardından soya sosunu çırpın.

d) Daikon ekleyin ve Daikon yumuşayana kadar on beş dakika hafifçe pişirin.

e) Kimchi ve tofu ekleyin.

f) Tofu iyice ısınana kadar pişirin.

g) Kaseler arasında dikkatlice bölün.

h) Çorbanız servise hazır.

57. Shio Koji Mantar Çorbası

Pişirme Süresi: 20 dakika

Porsiyon Boyutu: 2

İçindekiler:

- Çorba suyu, iki bardak
- Farklı mantarlar, iki bardak
- Tat vermek için tuz ve karabiber □□Shio koji, iki yemek kaşığı.

Mantarları ince dilimler veya parçalar halinde dilimleyin ve bol suda yaklaşık iki dakika kaynatın.

b) Süzün ve sıcak mantarlara shio koji çeşnisini ekleyin.

c) Lezzetlerin gelişmesi için yaklaşık on beş dakika bekleyin.

d) Başka bir tencerede çorba suyunu kaynatın.

e) Mantarları ve tuzu ekleyin ve her şeyin ısınmasına izin verin.

f) Kaselere paylaştırın ve güzel çıtır çıtır ekmeklerle servis yapın.

Talimatlar:

a)

58. Yudofu

Pişirme Süresi: 15 dakika

Porsiyon Boyutu: 2 Malzemeler:

- Tofu, bir blok
- Mitsuba, gerektiği kadar □□Sake, bir yemek kaşığı.
- Mirin, bir çay kaşığı.
- Sebze suyu, üç su bardağı
- Su, bir bardak

  Tüm malzemeleri iyice karıştırın ve on beş dakika kaynamaya bırakın.

b) Çorbanız servise hazır.

59. Ojiya Pirinç Çorbası

Pişirme Süresi: 20 dakika

Porsiyon Boyutu: 2

Talimatlar:

a)
İçindekiler:

- Japon pirinci, bir su bardağı
- Sebze suyu, iki su bardağı
- Karışık sebze, bir su bardağı □□Soya sosu, bir çay kaşığı.
- Mirin, yarım çay kaşığı.
- Tatmak için biber ve tuz
- Su, iki bardak

Tüm malzemeleri iyice karıştırın ve on beş dakika kaynamaya bırakın.

b) Çorbanız servise hazır.

60.Oshiruko Tatlı Kırmızı Fasulye Çorbası

Pişirme Süresi: 20 dakika

Porsiyon Boyutu: 3

İçindekiler:

- Azuki tatlı kırmızı fasulye, bir su bardağı
- Mochi pirinç keki, dört
- Sebze suyu, dört su bardağı

Talimatlar:

a)

Azuki'yi ve bir su bardağı suyu büyük bir tencereye ekleyerek başlayın ve kaynatın. Çorbanın kıvamlı mı yoksa sulu mu olmasını tercih ettiğinize bağlı olarak su miktarını ayarlayabilirsiniz.

b) Mochi'yi çeşitli şekillerde pişirebilirsiniz, ancak ızgara yapmak harika sonuçlar verir, bu nedenle mochi'yi sıcak bir ızgara altında beş ila on dakika bekletin.

c) Mochi ızgarada genişlemeye başladığında hazırdır ve servis kaselerine konulabilir.

d) Azuki ve su karışımı kaynadıktan sonra ocaktan alıp servis kaselerine aldığınız mochilerin üzerine dökün ve afiyetle yiyin.

61. Fasulye Ezmesi Çorbası

Pişirme Süresi: 15 dakika

Porsiyon Boyutu: 2

İçindekiler:

- Fasulye ezmesi, beş yemek kaşığı. □□Sebze çorbası, iki fincan □□Soya sosu, bir çay kaşığı.
- Mirin, bir çay kaşığı.
- Tatmak için biber ve tuz

Talimatlar:

a)

Tüm malzemeleri iyice karıştırın ve on beş dakika kaynamaya bırakın.

b) Çorbanız servise hazır.

62.Japon baharatlı beyaz sos

İçindekiler

- 2 ¼ bardak Japon mayonezi
- 1 ¼ çay kaşığı. sarımsak tozu
- 1 fincan. Ketçap
- 1 yemek kaşığı. kırmızı biber
- 3 ¼ yemek kaşığı. Şeker
- 2 çay kaşığı soğan tozu
- 1 ¼ çay kaşığı. kırmızı biber

- 1 çay kaşığı. Deniz tuzu
- 1 $\frac{1}{2}$ çay kaşığı. sriracha sosu
- 1 fincan. su

Talimatlar

a) Temiz büyük bir kapta, tüm malzemeleri dökün
b) Karıştırın ve topaksız olana kadar iyice karıştırın
c) Kullanmaya hazır olana kadar buzdolabında bekletin
d) Pirinç, makarna veya sebze salatası sosu ile servis yapın

63. Japon somonu ve salatalık ısırıkları

İçindekiler

a) 1 salatalık Cesurca dilimlenmiş
b) $\frac{1}{2}$ pound somon fileto
c) 1 $\frac{1}{4}$ çay kaşığı. soya sosu
d) 2 yemek kaşığı. taze soğan. ince kıyılmış
e) 1 çay kaşığı. mirin
f) 1 Ichimi togarashi (Japon acı biberi)
g) 1 çay kaşığı. Susam yağı
h) $\frac{1}{2}$ çay kaşığı. siyah susam tohumları

Talimatlar

i) Küçük bir karıştırma kabında somon, soya sosu, yeşil soğan, susam yağı ve mirin'i birleştirin.
j) Salatalık dilimlerini bir tabağa koyun, üzerine somondan bir kaşık koyun ve gezdirin.
kalan yeşil soğan ve susam tohumları

64. Japon keto-bamya kasesi

İçindekiler

- 2 parmak bamya
- 2 yemek kaşığı. soya sosu
- 2 yemek kaşığı. palamut gevreği
- 2 yemek kaşığı. sapmak / keşiş meyvesi
- 2 yemek kaşığı. su
- 2 yemek kaşığı. uğruna
- 2 çay kaşığı susam tohumları, kızarmış
- 2 yemek kaşığı. palamut gevreği Talimatlar

a) 2 su bardağı suyu ocakta kaynatın

b) Başka bir tencerede soya sosu, palamut gevreği, 2 çay kaşığı karıştırın. su, sake, sap ve 1 dakika soteleyin

c) Şimdi kaynayan suya geri dönün ve bamyayı atın, 3 dakika veya yumuşayana kadar pişirin.

d) Süzün ve kalın dilimler halinde doğrayın

e) Dilimlenmiş bamyayı bir kaseye alın ve üzerine sosu dökün.

f) Susam ve palamut gevreği ile süsleyin

65.Soslu çıtır tavuk

İçindekiler

- 1 lb kemiksiz tavuk budu veya göğsü. Küp veya şeritler halinde kesin
- 3 $\frac{1}{2}$ çay kaşığı. soya sosu
- 2 çay kaşığı taze sıkılmış zencefil suyu (zencefili dövün, 1 yemek kaşığı su ekleyin ve suyunu sıkın)
- 3 yemek kaşığı Japon mirin
- $\frac{1}{2}$ fincan. Kızartmak için kanola yağı
- 8 yemek kaşığı Japon pişirme sake
- 3 yemek kaşığı Susam taneleri
- $\frac{1}{4}$ fincan. Mısır nişastası

Talimatlar

a) Büyük bir kaseye tavuğu koyun ve zencefil suyu, Japon sake, soya sosu ve mirin ile baharatlayın. 25 dakika marine edin

b) Mısır nişastasını tavuğun üzerine gezdirin, unla iyice kaplandıklarından emin olun. Fazla unu silkeleyin ve tepsiye dizin

c) Yağı bir tavada ısıtın ve tavuğu derince kurutun

d) 3 çay kaşığı birlikte çırpın. beyaz miso ezmesi, 3 yemek kaşığı. mayonez, 3 çay kaşığı. Japon pirinç sirkesi veya elma sirkesi, bir tutam tuz ve 2 çay kaşığı. bal

e) Tamamen pişip kahverengileştiğinde tavuğu çıkarın

f) Mayonez sosu veya tercih ettiğiniz sos ile servis yapın

66. Japon çömlekçileri

İçindekiler

- 1 ons wonton ambalaj kağıdı 1 ½ su bardağı kıyılmış lahana
- ½ fincan. Asya yeşil soğanı, doğranmış
- ¼ fincan. Havuçlar. kıyılmış
- 1 kiloluk domuz eti
- Susam yağı
- 1 diş sarımsak
- 1 sarımsak, ince kıyılmış

- 1 yemek kaşığı. soya sosu
- 1 zencefil, rendelenmiş

Talimatlar

a) İyice karışana kadar domuz eti, havuç, lahana, susam yağı, sarımsak, soya sosu ve zencefili birleştirin.
b) Wonton sarmalayıcılarını unlu bir platform üzerine yayın
c) Her bir ambalajın ortasına bir kaşık dolusu doldurun
d) Sargıları suyla nemlendirin ve her birini bir sargıya katlayın
e) Bir desen yapmak için kenarları ince ayar yapın
f) Köfteleri ısıtılmış yağa koyun ve kızarana kadar kızartın veya bir buharlı tencerede pişirin.

67. Japon teriyaki köftesi

İçindekiler

- 1 (30 ons) paket dondurulmuş köfte
- 1 (14 ons) teriyaki sosu veya kendinizinkini yapın
- Pişmiş pirinç
- 1 su bardağı ananas parçaları

Talimatlar

a) Orta ateşte, buzu çözülmüş köfteleri ve teriyaki sosunu geniş bir tencereye alın.
tava

b) Ananas küplerini ekleyin ve karıştırmak için karıştırın.
ısıyı kapat

c) Bir yere pirinçten büyük bir parça alıp hazırladığınız köfteleri üzerine dökün.

68. Japon Yaz Sandviçleri

Pişirme Süresi: 5 dakika

Porsiyon: 2

İçindekiler:

- Ekmek dilimleri, altı
- çilek, bir su bardağı
- Krem şanti, bir su bardağı

Talimatlar:

a)

İlk önce ekmeğinizi hazırlamalısınız.

b) Yarım su bardağı krem şantiyi bir kapta katılaşana kadar çırpın ve ekmeğin üzerine eşit şekilde yayın.

c) Sonra yıkayın, saplarını kesin ve her çileği ortadan ikiye bölün.

d) Sandviçiniz servise hazır.

69.Soslu Taze Çin Böreği

Pişirme Süresi: 20 dakika

Porsiyon: 4

İçindekiler:

- Karides, yarım kilo
- Yeşil fasulye, bir su bardağı
- İsteğe göre nane veya kişniş yaprağı
- Pirinç kağıdı ambalajı, on iki
- Frenk soğanı, yarım su bardağı
- Mayonez, iki yemek kaşığı.
- Fasulye biber salçası, bir çay kaşığı.
- Miso ezmesi, bir çay kaşığı.

Talimatlar:

a) Küçük bir tencereye biraz su doldurun ve biraz tuz ekleyin.
b) Karidesleri ekleyin ve parlak pembe olana kadar yaklaşık beş dakika kaynatın.
c) Ayrı bir tencerede yeşil fasulyeleri beş dakika haşlayın.
d) Pirinç kağıdını temiz bir bezin üzerine yayın.
e) Nane veya kişniş yapraklarını pirinç kağıdının altına dizin ve ortasına karides yarımlarını ekleyin.
f) Yeşil fasulye ve bir bütün frenk soğanı veya taze soğan ile doldurun.
g) Tatmak için üstüne biraz tuz serpin.
h) Kenarları içe katlayın ve tüm malzemelerin içeride olduğundan emin olmak için sıkıca rulo yapın.
i) Tüm malzemeleri karıştırarak dip sosunu hazırlayın.
j) Daldırma soslu böreği atıştırmalık veya garnitür olarak servis edin.

70.Karaage Japon Tavuğu

Pişirme Süresi: 30 dakika

Porsiyon: 6

İçindekiler:

- Soya sosu, üç yemek kaşığı.
- Kemiksiz Tavuk budu, bir pound □□Sake, bir yemek kaşığı.
- Gal ve zencefil ezmesi, bir çay kaşığı.
- Katakuriko patates nişastası, çeyrek su bardağı
- İsteğe göre Japon mayonezi
- Yemeklik yağ, gerektiği gibi

Talimatlar:

a) Tavuğu ısırık büyüklüğünde parçalar halinde kesin.
b) Zencefili, sarımsağı, soya sosu ve pişirme sakesini bir kaseye ekleyin ve birleşene kadar karıştırın.
c) Tavuğu ekleyin, iyice kaplayın ve yirmi dakika marine etmeye bırakın.
d) Fazla sıvıyı tavuktan boşaltın ve katakuriko patates nişastanızı ekleyin. Parçalar tamamen kaplanana kadar karıştırın.
e) Bir tavada biraz yemeklik yağı yaklaşık 180 dereceye kadar ısıtın ve biraz un ekleyerek sıcaklığı test edin.
f) Her seferinde birkaç parçayı derin altın rengi olana kadar birkaç dakika kızartın, ardından çıkarın ve bir tel ızgara veya mutfak rulosu üzerinde süzülmeye bırakın.
g) Biraz limon dilimleri ve biraz Japon mayonezi ile sıcak veya soğuk servis yapın.

71.Tazukuri Şekerlenmiş Sardalya

Pişirme Süresi: 15 dakika

Porsiyon: 4

İçindekiler:

- Kavrulmuş susam, bir yemek kaşığı.
- Tatlım, bir yemek kaşığı.
- Soya sosu, bir yemek kaşığı.
- şeker, bir yemek kaşığı.
- Tatlım, bir yemek kaşığı.
- Aromalı yağ, bir yemek kaşığı.
- Sake, bir çay kaşığı.
- Bebek sardalya, bir su bardağı

Talimatlar:

a) Tüm malzemeleri toplayın. Ayrıca parşömen kağıdı ile kaplı bir fırın tepsisine ihtiyacınız olacak.

b) Kurutulmuş bebek sardalyaları bir tavaya koyun ve orta-düşük ateşte birkaç dakika veya çıtır çıtır olana kadar kızartın.

c) Susam tohumlarını tavaya ekleyin ve iki dakika kızartın.

d) Susamların yanmaması için tavayı sürekli salladığınızdan emin olun.

e) Aynı tavada sake, soya sosu ve şekeri ekleyin. Bal ve yağ ekleyin.

f) Orta-düşük ısıda kaynamaya getirin ve sos koyulaşana kadar sosu azaltın ve tavanın yüzeyine silikon bir spatula ile bir çizgi çizin.

g) Sardalyaları tekrar tavaya ekleyin ve sosu ile kaplayın.

72.Yakitori Izgara Şiş

Pişirme Süresi: 10 dakika

Porsiyon: 12

İçindekiler:

- Teriyaki sosu, yarım su bardağı
- Yeşil arpacık soğanı, iki
- Tavuk budu, iki pound

Talimatlar:

a) Teriyaki sosunu küçük bir tencerede orta-yüksek ateşte ısıtın. Kaynamaya bırakın ve sosu kalınlaştırmak için azaltın.

b) Arpacık soğanlarının beyaz olan uç kısımlarını uzun parçalar halinde kesin.

c) Şişleri hazırlayın.

d) Barbekü ızgarasını önceden ısıtın ve zeytinyağı ile kaplayın.

e) Tavuğu kızarana kadar pişirmek için yakitori tavuk şişlerini ızgara tarafına yerleştirin.

f) Şişleri ters çevirin ve diğer tarafları kızarana veya tavuk eti beyazımsı bir renk alana kadar pişirin.

g) Teriyaki sosunu tavuk şişlerin üzerine gezdirin. Bir tarafı bulandığında şişleri ters çevirin ve tarafına Yakitori sosu sürün.

h) Yukarıdaki işlemi bir kez daha tekrarlayın ve ardından ısıyı kapatın.

i) Yakitori şişlerini pilav üzerinde veya yeşil salata ile servis edin.

73.Tatlı Zencefilli Köfte

Porsiyon: 4

İçindekiler:

- Zencefil ve sarımsak ezmesi, bir yemek kaşığı.
- Yumurtalar, bir
- Öğütülmüş hindi, bir pound □□Susam yağı, yarım çay kaşığı.
- Soya sosu, dört yemek kaşığı. □□Ekmek kırıntısı, yarım su bardağı □□Hoisin, iki yemek kaşığı.
- İsteğe göre doğranmış taze soğan
- İsteğe göre susam

Fırını 400 dereceye ısıtın ve büyük bir fırın tepsisini hafifçe yağlayın.

Talimatlar:

a)
b) Büyük bir kapta hindi, sarımsak, zencefil ekleyin ve iyice karıştırın.
c) Ardından yumurta, panko, susam yağı ve soya sosunu ekleyip iyice karıştırın.
d) Köfteleri yuvarlayıp fırın tepsisine dizin.
e) On dakika pişirin ve ardından tavayı döndürün ve on dakika daha pişirin.
f) Köfteleri hepsine uyacak geniş bir sote tavasına aktarın.
g) Küçük bir kapta kalan soya sosu ve kuru üzümü karıştırın.
h) Köfteleri köpüren ve kalınlaşan sosta kaplayın ve çevirin ve birkaç dakika pişirin.
i) Köfteleri çıkarın, bir kaseye ekleyin ve kalan sosu köftelerin üzerine dökün.

74.Satsuma Age Kızarmış Balık Kek

Porsiyon: 4

İçindekiler:

- şeker, iki yemek kaşığı.
- Yumurtalar, bir
- Balık filetosu, bir pound
- Tuz, gerektiği gibi
- Zencefil suyu, yarım çay kaşığı.
- Su, iki yemek kaşığı. □□Sebzeleri karıştırın, iki su bardağı □□Soya Sosu, bir yemek kaşığı.

Talimatlar:

a) Balık filetosunu mutfak robotunda daha kolay ezmek için küçük parçalar halinde kesin.

b) Balık parçalarını, sake, zencefil suyu, tuz ve şekeri bir mutfak robotuna ekleyin ve karışım macun kıvamına gelene kadar çekin.

c) Balık ezmesine yumurta ekleyin ve iyice karıştırın.

d) Tüm sebze karışımını geniş bir kaba ekleyin ve sebze parçalarının mısır unu ile eşit şekilde kaplanmasını sağlayarak iyice karıştırın.

e) Balık ezmesini kaseye ekleyin ve iyice karıştırın.

f) Yağı derin bir tavada veya tavada 170 dereceye kadar ısıtın.

g) Balık köftesi karışımını alın ve bir top yapın.

h) Balık köftesinin alt tarafı altın rengi kahverengi olana kadar kızartın.

i) Balık köftesini çıkarın ve yağı bir rafa veya mutfak kağıdına boşaltın.

75.Nori Yosun Patlamış Mısır

Pişirme Süresi: 30 dakika

Porsiyon: 6

İçindekiler:

- Siyah susam tohumları, bir yemek kaşığı.
- Kahverengi şeker, bir yemek kaşığı.
- Tuz, yarım çay kaşığı.
- Hindistan cevizi yağı, yarım çay kaşığı. □□Patlamış mısır tanesi, yarım su bardağı □□Tereyağı, iki yemek kaşığı.
- Nori yosun gevreği, bir yemek kaşığı.

Talimatlar:

a) Bir tokmak ve havanda, nori deniz yosunu pullarını, susam tohumlarını, şekeri ve tuzu ince bir toz haline getirin.

b) Hindistan cevizi yağını büyük, kalın tabanlı bir tencerede eritin.

c) Patlamış mısır tanelerini ekleyin, bir kapakla örtün ve patlayana kadar orta ateşte pişirin.

d) Mısır patladıktan sonra hemen geri kalan mısırı ekleyin, kapağı kapatın ve tavayı ara sıra sallayarak tüm taneler patlayana kadar pişirin.

e) Patlamış mısırı geniş bir kaseye aktarın ve kullanılıyorsa üzerine eritilmiş tereyağını dökün.

f) Tatlı ve tuzlu nori karışımınızın üzerine serpin ve her parça kaplanana kadar ellerinizi kullanarak iyice karıştırın.

g) Kalan susam ile doldurun.

76. Japon limonlu shochu

İçindekiler

- 20ml taze limon suyu
- 20ml şoku
- 40ml maden suyu
- Süslemek için misket limonu ve limon dilimleri

Talimatlar

a) Temiz bir kokteyl çalkalayıcıya tüm içeriği dökün ve karışması için iyice çalkalayın.
b) Hazır bardaklara biraz buz küpleri ekleyin ve içeceği her birine dökün.
c) Limon ve limon dilimleri ile servis yapın

77. Mochi tatlıları

İçindekiler

- 1 $\frac{1}{2}$ fincan. Hazır Anko
- 11/2 su bardağı. su
- 1 fincan. Katakuriko (mısır nişastası)
- $\frac{1}{2}$ fincan. Şeker
- 1 $\frac{1}{4}$ fincan. shiratama-ko (pirinç unu) Talimatlar

a) $\frac{1}{2}$ su bardağı ısıtın. Su. $\frac{1}{2}$ bardak ekleyin. Şeker, kaynatın

b) Anko tozunun $\frac{1}{2}$'sini ekleyin. Karıştırmak için iyice karıştırın

c) Kuru hissediyorsa, katılaşana kadar karıştırarak daha fazla su ekleyin. soğuması için bir kenara bırakın
d) Soğuduğunda, içeriği toplayın ve 10 veya daha fazla küçük top haline getirin
e) Kalan şeker ve suyu küçük bir kapta karıştırın, kenara koyun.
f) Pirinç ununu bir kaseye dökün. Şeker karışımını dikkatli bir şekilde unun içine dökün, karıştırarak bir hamur oluşturun
g) Mikrodalgaya koyun ve ısıtın.
3 dakika
h) Yüzeye biraz katakuriko püskürtün, hamuru çıkarın ve unlanmış platform üzerine yerleştirin.
i) Yavaşça yoğurun, toplar halinde kesin ve her topu düzleştirin.
j) Her bir yassı hamura bir Anko topu yerleştirin, bir top oluşturmak için yuvarlayın

78.Japon meyve şişleri

İçindekiler

- 2 bardak. Çilek. DE gövdeli ve ipuçları kaldırıldı
- 12 adet yeşil zeytin
- 2 bardak. Ananas küpleri veya 1 kutu ananas
- 2 bardak. dilimlenmiş kivi
- 2 bardak. Böğürtlenler
- 2 bardak. Yaban mersini
- 9 şiş veya kürdan

Talimatlar

a)
    Meyvelerdeki fazla sıvıyı boşaltın ve dönüşümlü olarak şişlere sabitleyin
b) Doldurduğunuz şişleri bir tepsiye dizin ve buzdolabında 1 saat bekletin.
c) Çıkarın ve hazır olduğunuzda servis yapın

79. Agar meyveli salsa

İçindekiler

- 1 çubuk Kanten agar (meyve jölesi)
- 1 küçük kutu. mandalina dilimleri
- 40 gr shiratama-ko (pirinç unu)
- 3 yemek kaşığı önceden hazırlanmış kırmızı fasulye
- 10kg. Şeker
- 1 fincan. Karışık meyveler kivi, çilek vb.

Kanten agarı soğuk suya koyun, yumuşayana kadar bekletin.

Talimatlar

a)
b) 250 ml suyu kaynatın, yumuşayan Kanten'i sudan boşaltın ve kaynayan suya ekleyin. Üzerine şekeri ekleyin ve Kanten iyice eriyene kadar kaynatın. Bir kaseye dökün, soğumaya bırakın ve donması için dondurucuda dondurun
c) Shiratama-ko'yu bir kaseye dökün, biraz su ekleyin ve bir hamur oluşturmak için karıştırın. Yuvarlayın ve toplar halinde kesin
d) Başka bir büyük tencerede suyu kaynatın, su kaynayınca shiratama-ko toplarını ekleyin ve toplar kaynayan suyun üzerine çıkana kadar pişirin.
e) Kesilen meyveleri bir kaseye koyun, hazır shiratama-ko toplarını ekleyin, kırmızı fasulye, mandalinadan bir parça alın, set Kanten'i küpler halinde kesin ve kaseye ekleyin.
f) Varsa üzerine mandalina şurubu veya soya sosu gezdirip servis yapın.

80. Meyveli Japon Kupası

İçindekiler

- 1 can. yoğunlaştırılmış sütü tatlandırmak
- 1 can. Meyve (800g) kokteyli. süzülmüş
- 1 şişe (12 oz) kaong. Mükemmel şekilde süzülür ve durulanır
- 1 fincan. Hindistan cevizi eti. İnce şeritler halinde kesin
- 1 şişe (10 oz) hindistan cevizi jeli
- 1 (220ml) paket çok amaçlı krem
- 1 fincan. Peynir. küpler halinde kesmek

Talimatlar

a)

Küçük bir kapta, yoğunlaştırılmış sütü krema ile karıştırın.

b) Diğer malzemeleri hazır süt karışımına dökün. Karıştırmak için iyice atın

c) Kaseyi örtün ve 3 saat soğutun

d) Dondurucudan çıkarın ve servis yapın!

81. Japon sallanan pirinç topları

İçindekiler

- 70g Japon pirinci. ihale için pişmiş
- 6 yemek kaşığı soya sosu
- 1 kilo pişmiş ton balığı

Ön ısıtma ızgarası

Talimatlar

a)

b) Pişirilmiş ve soğutulmuş pirinci avucunuza alın veya bir pirinç topu oluşturmak için bir onigiri kalıbı kullanın.

c) Topun içinde bir delik açın ve dolguyu, ton balığını ekleyin ve tekrar kapatın. (olabildiğince çok top sarın)

d) Fırın tepsisini pişirme spreyi ile yağlayın ve topları içine yerleştirin.

e) Önceden ısıtılmış fırında 12 dakika, ara sıra çevirerek iyice kızarana kadar pişirin.

f) Ateşten alın ve soya sosuyla boyayın

g) Isıya dönün ve servis yapın!

82. Kinako Dango

Pişirme Süresi: 5 dakika

Porsiyon: 4

İçindekiler:

- Kinako, yarım su bardağı
- toz şeker, iki yemek kaşığı.
- Soğuk su, yarım su bardağı
- Dango tozu, bir su bardağı □□Kosher tuzu, yarım çay kaşığı.

Talimatlar:

a) Bir karıştırma kabına Dango tozu ve suyu ekleyin. İyice birleştirilene kadar iyice karıştırın.

b) Küçük bir hamur alın ve bir top haline getirin.

c) Bir tabağa koyun ve tüm hamur bitene kadar tekrarlayın.

d) Kenara bir kase soğuk su koyun.

e) Kaynayan suya dango toplarını ekleyin ve üzeri çıkana kadar kaynatın.

f) Süzün ve soğuk suya ekleyin. Soğuyana ve süzülene kadar birkaç dakika bekletin.

g) Başka bir karıştırma kabına kinako, şeker ve tuzu ekleyip iyice karıştırın.

h) Kinako karışımının yarısını bir servis kasesine koyun, dango topları ekleyin ve kalan kinakoyu üzerine ekleyin.

i) Yemeğiniz servise hazır.

83.Japon Usulü Kabak Pudingi

Pişirme Süresi: 25 dakika

Porsiyon: 2

İçindekiler:

- Kabak püresi, bir su bardağı □□Şeker, üç yemek kaşığı.
- Vanilya özü, bir çay kaşığı.
- yumurta, iki
- Jelatin tozu, iki yemek kaşığı.
- Akçaağaç şurubu, gerektiği gibi

Jelatin tozunu sütle birlikte eritin.

Talimatlar:

a)

b) Bu sırada kabak püresini ve şekeri bir kaseye koyun, karıştırın ve mikrodalgada otuz saniye yüksekte pişirin.

c) Süt ve jelatin karışımını karıştırın ve kabak ve şekere ekleyin. Yumurtaları ve vanilya özünü karıştırın ve iyice birleştirin.

d) Süzgeçte kalan karıştırılmamış bitlerden kurtulun.

e) Ocak üzerine derin bir tava veya tencere koyun ve ramekinleri içine koyun.

f) Isıyı açın ve suyu kaynatın.

g) Ocağı kapatın ve pudinglerin sertliğini kontrol edin. Doku biraz sert olmalı ama yine de puding gibi kremsi olmalıdır.

h) Pudingleri tamamen soğuyuncaya kadar buzdolabında soğutun.

84. Dorayaki

Pişirme Süresi: 15 dakika

Porsiyon: 6

İçindekiler:

- Tatlım, iki yemek kaşığı.
- yumurta, iki
- Şeker, bir su bardağı
- Un, bir su bardağı
- Kabartma tozu, bir çay kaşığı.
- Kırmızı fasulye ezmesi, yarım su bardağı

Tüm malzemeleri toplayın.

Talimatlar:

a)

b) Büyük bir kapta yumurta, şeker ve balı birleştirin ve karışım kabarık hale gelene kadar iyice çırpın.

c) Un ve kabartma tozunu kaseye eleyin ve hepsini birlikte karıştırın.

d) Hamur şimdi biraz daha pürüzsüz olmalıdır.

e) Büyük bir yapışmaz kızartma tavasını orta-düşük ateşte ısıtın. Acele etmemek ve yavaşça ısıtmak en iyisidir.

f) Hamurun yüzeyinin kabarmaya başladığını gördüğünüzde ters çevirin ve diğer tarafını da pişirin.

g) Ortasına kırmızı fasulye ezmesini koyun.

h) Servise hazır olana kadar dorayaki'yi streç filmle sarın.

85. Kabarık Japon Cheesecake

İçindekiler:

- Vanilyalı dondurma
- Brownie karışımı, bir kutu
- Sıcak çikolata sosu

Talimatlar:

a) Fırını 350 dereceye kadar önceden ısıtın.
b) Jumbo muffin teneke kapları hizalamak için folyo şeritleri kesin.
c) Kek yapıldığında kaldırma kolları olarak kullanmak için şeritleri çapraz şekilde katmanlayın.

Talimatlar:

a)
d) Pişirme spreyi ile bir tavada folyo püskürtün.

e) Brownie hamurunu kutunun arkasında anlatıldığı gibi veya en sevdiğiniz tarife göre hazırlayın.
f) Hamuru muffin teneke kaplara eşit olarak bölün. Muffin kaplarının yaklaşık 3/4'ü dolacak.
g) Muffin kalıbını kenarlı fırın tepsisine yerleştirin ve önceden ısıtılmış fırında 40-50 dakika pişirin.
h) Fırından çıkarın ve tavada 5 dakika soğutun, ardından on dakika daha soğutma rafına aktarın.
i) Her kekin kenarlarını gevşetmek için bir tereyağı bıçağı veya krema spatulası kullanmanız ve ardından folyo kulpları kullanarak muffin tepsisinden kaldırmanız gerekebilir.
j) Bir kaşık vanilyalı dondurma ve sıcak şekerleme sosuyla kaplı bir tabakta sıcak kek servis edin.

Talimatlar:

a)

b)

86. Matcha Dondurması

Pişirme Süresi: 5 dakika

Porsiyon: 2

İçindekiler:

- Matcha tozu, üç yemek kaşığı.
- Yarım buçuk, iki bardak
- Kaşar tuzu, bir tutam
- Şeker, yarım su bardağı

Orta boy bir tencerede, yarım buçuk, şeker ve tuzu birlikte çırpın.

Karışımı orta ateşte pişirmeye başlayın ve yeşil çay tozunu ekleyin.

c) Ateşten alın ve karışımı buz banyosunda oturan bir kaseye aktarın. Karışım soğuyunca üzerini streç filmle kapatın ve buzdolabında soğutun.

d) Yemeğiniz servise hazır.

Talimatlar:

a)

b)

87. Taiyaki

Pişirme Süresi: 15 dakika

Porsiyon: 5

İçindekiler:

- Kek unu, iki su bardağı
- Kabartma tozu, bir çay kaşığı.
- Kabartma tozu, yarım çay kaşığı.
- Şeker, bir su bardağı

- Yumurta, iki
- Süt, yarım su bardağı

Kek ununu, kabartma tozunu ve karbonatı geniş bir kaba eleyin.

Şekeri ekleyin ve birleştirmek için iyice çırpın.

c) Orta boy bir kapta yumurtayı çırpın ve ardından sütü ekleyin.

d) Kuru malzemeleri ıslak malzemelerle birleştirin ve iyice çırpın.

e) Hamuru bir ölçüm kabına veya sürahiye dökün.

f) Taiyaki tavasını ısıtın ve tavayı bir fırça kullanarak bitkisel yağla yağlayın.

g) Taiyaki pan kalıbını orta-düşük ısıda yaklaşık %60 oranında doldurun.

h) Kapağı kapatın ve hemen çevirin.

i) Sonra çevirin ve pişirin. Açın ve Taiyaki'nin altın rengi olup olmadığını kontrol edin.

Talimatlar:

a)

b)

88. Zenzai

Pişirme Süresi: 15 dakika

Porsiyon: 4

İçindekiler:

● 💣□♍♒♓📭 ♌♓
❑ ⬧◆ ♌♋❏♎♋⇨☒
● 😐☒❏❍☒⌘☒ ♐
♋⬧◆●⍓♏📭 ♌♓❏
⬧◆ ♌♋❏♎♋⇨☒
● ✦♏♑♏❏📭 ✓
🡐 ⍓♏❍♏♑ ♑♋
🕓☒⇨☒✍

Bir tencereye barbunya ve beş su bardağı suyu koyun.

Kaynatın ve beş dakika pişirin, ardından fasulyeleri süzün ve pişirildikleri suyu atın.

c) Şimdi fasulyeleri süzün, pişirildikleri suyu ayırın.

d) Süzülmüş fasulyeleri tencereye alın, şekeri ekleyin ve orta ateşte sürekli karıştırarak on dakika pişirin.

e) Daha sonra, fasulyelerin piştiği suyu dökün, şekerle tatlandırın ve kısık ateşte karıştırarak pişirin.

f) Mochi'yi ızgarada veya tost makinesinde hafifçe genişleyip kahverengi olana kadar pişirin.

g) Mochi'yi bir servis kasesine koyun ve bir kaşık fasulye çorbasıyla örtün.

Talimatlar:

a)

b)

89.Okoshi

Pişirme Süresi: 10 dakika

Porsiyon: 3

İçindekiler:

- Pişmiş pirinç, bir su bardağı
- Tempura yağı, bir yemek kaşığı.
- Şeker, bir su bardağı
- Şişirilmiş pirinç, bir su bardağı
- Yer fıstığı, yarım su bardağı

Talimatlar:

a)

Pişen pirinci fırın tepsisine ince bir tabaka halinde yayın ve düz bir elek veya servis tepsisi üzerine yerleştirin.

b) Pirinç yarı saydam ve gevrek hale geldiğinde, daha fazla hazırlık için hazırdır. İlk olarak, parmaklarınızı kullanarak topakları parçalayın.

c) Okoshi için bir kalıbı fırın kağıdıyla kaplayın.

d) Tempura yağını 180 dereceye kadar ısıtın ve pirinci derin kızartın.

e) Şeker ve suyu karıştırıp orta ateşte şerbet kaynamaya başlayınca altını kısın ve dilerseniz fıstıkları ekleyin.

f) Kızarmış, şişirilmiş pirinç ve şeker şurubunu hızlıca birleştirin ve bir kaba aktarın. Üstünü bir fırın tepsisiyle örtün ve ağır ve düz bir nesneyle bastırın.

g) Küçük parçalar halinde kesin ve servis yapın.

90.dango

Pişirme Süresi: 10 dakika

Porsiyon: 6

İçindekiler:

- Joshinko pirinç unu, bir su bardağı
- Shiratamako pirinç unu, bir su bardağı
- Şeker, yarım su bardağı
- Sıcak su, gerektiği gibi

Talimatlar:

a) Joshinko yapışkan olmayan pirinç unu, shiratamako yapışkan pirinç unu ve şekeri karıştırın.

b) Sıcak suyu azar azar ilave ederek iyice karıştırın.

c) Dango karışımınızı karıştırdığınız kasenin üzerini kapatın ve birkaç dakika mikrodalgada pişirin. Ellerinizi tekrar nemlendirin ve hamuru eşit büyüklükte toplar halinde yuvarlayın.

d) Yemeğiniz servise hazır.

91.Kasutera

Porsiyon: 24

İçindekiler:

- Süt, bir su bardağı
- Tatlım, iki yemek kaşığı.
- Un, iki su bardağı
- Şeker, bir su bardağı

Talimatlar:

a) Fırını 170 dereceye ısıtın.

b) İlk olarak, bir fırın tepsisinin altını ve yanlarını tereyağı veya katı yağ ile kaplayın ve ardından kağıdın bir kısmı tavanın kenarlarından sarkacak şekilde pişirme kağıdı ile hizalayın.

c) Tencerenin dibine şeker serpin.

d) Bir tencereye su kaynatın ve ardından ocaktan alın.

e) Süt ve balı birlikte çırpın ve unu iki kez eleyin.

f) Yumurtaları ve şekeri tencereye ekleyin.

g) Ardından, süt ve bal karışımını çırpın ve ardından un çorba kaşığı ekleyin, karışana kadar her zaman çırpın.

h) Kek işlenecek kadar soğuduğunda, pastayı plastik bir torbaya koyun ve kapatın. Birkaç saat buzdolabında bekletin.

i) Yemeğiniz servise hazır.

92. Shoyu Ramen

Pişirme Süresi: 30 dakika

Porsiyon: 4

İçindekiler:

- Chashu, bir fincan
- Nitamago, gerektiği gibi
- Shiitake, gerektiği gibi
- La-yu, gerektiği gibi
- Nori, yarım bardak

- Ramen, dört paket
- Dashi, yarım bardak

Talimatlar:

a) Tuzlu kaynar su dolu bir tencerede, ramenleri maşa veya yemek çubuklarıyla karıştırarak yaklaşık bir dakika pişene kadar pişirin.
b) Orta ateşte küçük bir tencerede, dashi ve shiitake'yi zar zor kaynayana kadar ısıtın.
c) Bir dakika pişirin ve ocaktan alın.
d) Shiitake'i bir kenara koyun.
e) Servis kasesine dashi ve erişte ekleyin.
f) İstenirse, chashu, nitamago, shiitake, yeşil soğan, bir çiseleyen la-yu ve nori ile süsleyin.

93. Miso Ramen

Pişirme Süresi: 10 dakika

Porsiyon: 2

İçindekiler:

- Miso ezmesi, iki yemek kaşığı.
- Sebzeleri karıştırın, bir su bardağı
- Ramen, iki paket
- Soya sosu, bir yemek kaşığı.

Rameni pişirin ve sebzeleri kaynatın. Şimdi kalan tüm malzemeleri karıştırın ve sıcak servis yapın.

Talimatlar:

a)

b)

94.Basit Ev Yapımı Tavuk Ramen

Pişirme Süresi: 10 dakika

Porsiyon: 2

İçindekiler:

- Tavuk, bir su bardağı □□Ramen erişṭesi, iki paket □□Yağ, bir çay kaşığı.
- Tatmak için biber ve tuz

Ramen ve tavuğu pişirin.

Şimdi diğer tüm malzemeleri karıştırın ve sıcak servis yapın.

Talimatlar:

a)

b)

95. Vejetaryen Ramen

Pişirme Süresi: 10 dakika

Porsiyon: 2

İçindekiler:

- Karışık sebzeler, bir su bardağı □□Ramen erişţesi, iki paket □□Yağ, bir çay kaşığı.
- Tatmak için biber ve tuz

Ramenleri ve sebzeleri pişirin.

Şimdi diğer tüm malzemeleri karıştırın ve sıcak servis yapın.

96.Ramen Eriştesi

Talimatlar:

a)

b)

Pişirme Süresi: 10 dakika

Porsiyon: 2

İçindekiler:

- Ramen erişstesi, iki paket □□Miso ezmesi, iki yemek kaşığı.
- Soya Sosu, bir yemek kaşığı.

Tüm malzemeleri birlikte karıştırın ve on dakika boyunca iyice pişirin.

b) Yemeğiniz servise hazır.

97. Domuz Rameni

Talimatlar:

a)

Pişirme Süresi: 10 dakika

Porsiyon: 2

İçindekiler:

- Domuz eti, bir su bardağı □□Ramen eriştesi, iki paket □□Yağ, bir çay kaşığı.
- Tatmak için biber ve tuz

Ramen ve domuz etini pişirin.

b) Şimdi tüm malzemeleri karıştırın ve sıcak servis yapın.

98. Anında Ramen

Pişirme Süresi: 10 dakika

Porsiyon: 2

İçindekiler:

● ✌■⌧■♎♋ ♏❒♓🕒⧫♏📭 ♓&♓ □♋&♏⧫ ● ✌■⌧■♎♋ ♌♋♒ ♋❒♋⧫ &♋❒⌧🕒⌧❍⌧📭 ♓&♓ ⍓♏❍♏& &♋🕒⌧⇨⌧✍ ● 💧 ⧫📭 ✓🡐 ♌♋❒♎♋&

Talimatlar:

a)

Tüm malzemeleri birlikte karıştırın ve on dakika pişirin.

b) Yemeğiniz servise hazır.

99. Ton Balıklı Suşi

Pişirme Süresi: 5 dakika

Porsiyon: 4

İçindekiler:

- Susam yağı, yarım çay kaşığı.
- Yeşil soğan/soğan, iki
- Kızarmış beyaz susam, iki yemek kaşığı.
- Baharatlı Mayonez, iki yemek kaşığı.
- Suşi pirinci (pişmiş ve terbiyeli), bir buçuk su bardağı
- Sashimi dereceli ton balığı, dört ons □□Sriracha sosu, üç çay kaşığı.

Talimatlar:

a) Orta boy bir kapta ton balığı, Sriracha sosu, susam yağı ve yeşil soğanın bir kısmını birleştirin.

b) Bambu hasırın üzerine parlak tarafı aşağı gelecek şekilde bir yaprak nori yerleştirin. Parmaklarınızı suyla ıslatın ve $\frac{3}{4}$ fincan pirinci eşit şekilde nori yaprağına yayın.

c) Pirinci susam serpin.

d) Nori yaprağını pirinç tarafı aşağı bakacak şekilde çevirin.

e) Ton balığı karışımının yarısını nori yaprağının alt ucuna yerleştirin.

f) Dolguları yerinde tutarken bambu hasırın alt kenarını parmaklarınızla tutun, sıkı bir silindir şekline getirin.

g) Çok keskin bir bıçakla ruloyu ikiye bölün ve ardından her bir yarıyı üç parçaya kesin.

h) Her suşinin üzerine bir parça baharatlı mayonez koyun.

100. Japon Suşi Ruloları

Porsiyon: 4

İçindekiler:

- Yarım limon
- Nori çarşafları, iki
- Suşi pirinci, iki fincan Karides tempura, sekiz parça Tobiko, iki yemek kaşığı.
- Unagi (yılan balığı)
- İran/Japon salatalıkları, bir
- Avokado, bir

Talimatlar:

a) Avokado dilimlerini avokadonun uzunluğu yaklaşık suşi rulosunun uzunluğuna gelene kadar parmaklarınızla hafifçe bastırın.

b) Bambu hasırı plastik ambalajla sarın ve nori yaprağının yarısını parlak tarafı aşağı gelecek şekilde yerleştirin.

c) Ters çevirin ve karides tempura, salatalık şeritleri ve tobikoyu nori yaprağının alt ucuna koyun.

d) Alt uçtan, alt uç nori yaprağına ulaşana kadar nori yaprağını dolgunun üzerine yuvarlamaya başlayın.

e) Bambu hasırı rulonun üzerine yerleştirin ve ruloyu sıkıca sıkın.

f) Bıçağın yan tarafını kullanarak avokadoyu rulonun üzerine yerleştirin.

g) Rulonun üzerine plastik sargıyı yerleştirin ve ardından bambu hasırı üzerine koyun.

h) Ruloyu bıçakla 8 parçaya kesin.

i) Her bir suşi parçasına tobiko koyun ve üzerine baharatlı mayonez gezdirin ve üzerine siyah susam serpin.

ÇÖZÜM

Ne yolculuk! Harika Japon yemeklerini bir kerede öğrenmek zahmete değerdi... ve Asya temalı bir partiye ev sahipliği yapmayı planlıyorsanız, Asya mutfak becerilerinizi uygulamaya başlamak ve kendinizle gurur duymak için iyi bir zaman. Bu yüzden, onları tek tek denemekten çekinmeyin ve nasıl gittiğini bize anlatmayı unutmayın.

Japon Mutfağı, yemek çeşitliliği ve genellikle sadece Japonya'da yetişen nadir baharatların geniş kombinasyonu ile bilinir.

Japon Yemeklerini Pişirmenin Mutluluğu!

www.ingramcontent.com/pod-product-compliance
Lightning Source LLC
Chambersburg PA
CBHW050357120526
44590CB00015B/1720